Der SS-Arzt und die Kinder
vom Bullenhuser Damm

Günther Schwarberg

DER SS-ARZT UND DIE KINDER VOM BULLENHUSER DAMM

Steidl

INHALT

DER MENSCHENVERSUCH KANN BEGINNEN

Der letzte Zug nach Deutschland

Es war die Woche der Befreiung von Paris. Vom Süden her zog mit den ersten Panzern des Generals Leclerc die Freiheit in die Hauptstadt Frankreichs ein. Im Norden geschah beim Abzug der deutschen Truppen ein letztes Verbrechen:

Am 17. August 1944, um 16 Uhr, fuhr ein Deportationszug mit Juden vom Bahnhof des Vororts Le Bourget-Drancy ab. Zugnummer 1697. Sechs Wagen, drei Wagen mit Flakgeschützen, drei Wagen mit Menschen. Im ersten Wagen saßen die Beamten der Geheimen Staatspolizei mit ihrem Chef Alois Brunner, Hauptsturmführer der SS. Er war Leiter des »Sonderkommandos Judendeportationen« in Frankreich. In einem zweiten Wagen die »Grüne Polizei«, grünuniformierte Beamte der deutschen Polizei in Frankreich.

Der letzte Waggon war ein Viehwagen. In ihm hockten 51 Juden, darunter die siebenköpfige Familie Kohn. Alois Brunner kannte sie. Armand Kohn war ein Verwandter des Bankiers Rothschild und der Direktor des »Hôpital Baron de Rothschild« in Paris. Es war das größte jüdische Krankenhaus in Frankreich. Während der Zeit der deutschen Okkupation versteckte Armand Kohn dort viele Juden, die angeblich schwer krank waren. Brunner kam oft in die Klinik. Er beschuldigte Armand Kohn der Sabotage.

Dennoch hatte der persönliche Umgang mit dem SS-Führer Brunner dem Direktor Kohn eine gewisse Sicherheit gegeben. Er rechnete damit, daß Brunner seine Familie von der Deportation verschonen werde.

Aber am frühen Morgen des 28. Juli 1944 klingelte Brunner am Haus der Kohns. Hinter ihm standen zwei SS-Mitarbeiter,

Samson und Reich. Er war höflich: »Bitte, packen Sie Ihre Sachen. Sie werden deportiert. Sie haben eine Stunde Zeit.« Auf der Straße wartete ein Bus der Pariser Verkehrsbetriebe. Er brachte die Kohns in das Judenlager Drancy.

Als sie dort eintrafen, war es vorbei mit der Höflichkeit. Sie wurden behandelt wie alle anderen Juden auch – Gefangene des Todes. Am 17. August 1944 wurden sie vom Lager zum Bahnhof gebracht.

Armand Kohn wußte nicht, daß dies sein Ende bedeuten sollte. Er wußte von Deportationen, er hatte den Namen von Auschwitz gehört. Obwohl er soviel hörte, glaubte er, die Juden sollten nur bis zum Kriegsende interniert werden. Deshalb wollte er auch seine Familie zusammenhalten. Nur zusammen seien sie geschützt, sagte er ihnen, als sein 18jähriger Sohn Philippe aus dem Waggon flüchten wollte. Philippe gehorchte seinem Vater nicht und seine Schwester Rose-Marie auch nicht. Der Zug war schon drei Tage unterwegs. Am 21. August 1944, zwei Uhr nachts, brachen sie die Gitterstäbe aus dem kleinen Fenster des Güterwagens. Sie sprangen nacheinander hinaus. Rose-Marie zuerst, sie verletzte sich auf den Bahnschwellen. Philippe fiel sechzig Meter weiter unverletzt auf die Gleise und lief zu seiner Schwester. Andere folgten ihnen, der Schriftsteller Jacques Lazarus, der Rabbiner Sami Kapelowitz, der später israelischer Botschafter in Paris wurde. Dreißig konnten fliehen, 21 blieben zurück. Darunter Armand Kohn und seine Frau, ihre 19jährige Tochter Antoinette, der kleine Sohn Georges-André, zwölf Jahre alt, geboren am 23. April 1932, und die Großmutter Marie-Jeanne Kohn, achtzig Jahre alt. Die Geflohenen versteckten sich im flachen Wasser eines Teichs, damit die Hunde der SS sie nicht fanden. Später verbarg sie der Bahnhofsvorsteher von St. Quentin im Keller des Stationsgebäudes bis zur Befreiung am 2. September 1944.

Auf der Weiterfahrt des Zuges warf Armand Kohn einen Zettel mit der Adresse seines Sekretärs durch einen Spalt am Boden des Güterwagens. »Wir sind deportiert, und ohne Zweifel werden wir nach Deutschland gebracht. Wir sind voll Gottvertrauen. Versuchen Sie über das Internationale Rote Kreuz etwas für uns zu erreichen! Versuchen Sie, den Präsidenten des Stadtrats von Paris, Pierre Taittinger, zu treffen! Auf Wiedersehen! Bis bald. Denkt an uns. Benachrichtigt alle Freunde und auch das Unternehmen, das ich verwaltete.« Ein Unbekannter fand den Zettel auf den Bahngleisen bei Villers-Cotterêts im Departement Aísne und schickte ihn anonym nach Paris.

Die Hoffnung auf Rettung war ebenso eine Illusion wie der Schutz, den sich Armand Kohn von ihrem Zusammenbleiben versprach. Am 25. August 1944 kam der Zug im Konzentrationslager Buchenwald bei Weimar an. Da wurden sie auseinandergerissen: Der Vater blieb in Buchenwald, die anderen mußten weiter nach Auschwitz.

Dort, an der Rampe des Lagers Auschwitz-Birkenau, stand ein SS-Arzt, zeigte auf die zwei Kohns, und die mußten nach links gehen. Rechts, das war die Gaskammer. Links, das waren die Baracken.

Aber Georges-André Kohn kam in eine andere Baracke als seine Großmutter. Mit ihm hatten sie etwas Besonderes vor. Mit ihm und mit 19 anderen Kindern.

Ein Casinoabend in Hohenlychen

Was sie mit den Kindern vorhatten, war ein Vierteljahr zuvor im Casino der »Heilanstalten vom Roten Kreuz Hohenlychen« besprochen worden. Das ist ein kleiner Ort in der Uckermark, 120

Kilometer nördlich von Berlin zwischen Templin und Neustrelitz. Wunderschön gelegen, ein altes Sanatorium am Großen Lychensee. Hier erholten sich die SS-Führer von ihrer Arbeit im nahen Konzentrationslager Ravensbrück. Hier trafen sich auch hohe SS-Offiziere mit Politikern aus Berlin, denn Hohenlychen war ein ruhiger Ort, auf den es keine Bombenangriffe gab. Rudolf Hess war häufig hier, der Stellvertreter Hitlers, der Naziarchitekt Albert Speer, der Reichssportführer Hans von Tschammer und Osten, der Propagandaminister Josef Goebbels, der Obergruppenführer und General der Waffen-SS Oswald Pohl. Und vor allem Heinrich Himmler, der Reichsführer-SS, der RFSS, wie er sich nennen ließ. Selbst der Führer Adolf Hitler war ein paarmal hier gewesen.

An einem Abend im Frühjahr 1944 saßen der Reichsärzteführer Dr. Leonardo Conti und der »Reichsarzt-SS und Polizei« Dr. Grawitz mit einigen Kollegen zusammen. Der Chefarzt von Hohenlychen, Professor Dr. Karl Gebhardt, gab seinem Oberarzt Dr. Kurt Heißmeyer das Wort zu einem kurzen Vortrag.

Heißmeyer war 38 Jahre alt, schon seit zehn Jahren Arzt in Hohenlychen und wollte Professor werden. Dazu mußte er eine wissenschaftliche Arbeit vorweisen. Er schlug dem Reichsärzteführer einen Versuch zur Bekämpfung der Tuberkulose vor. Das Experiment sollte nicht an Tieren, sondern an Menschen vorgenommen werden.

Heißmeyer wollte die Theorie der österreichischen Tuberkuloseforscher A. und H. Kutschera-Aichbergen über »die Bekämpfung schwerer Lungentuberkulose durch künstlich erzeugte Hauttuberkulose« in der Praxis erproben.

Die beiden Österreicher, Vater und Sohn, hatten in den Jahren 1929 bis 1939 in mehreren Veröffentlichungen die Ansicht vertreten, die »Immunitätslage eines an offener Lungentuberkulose erkrankten Patienten« werde durch das »künstliche Setzen« eines zusätzlichen Tuberkuloseherdes verbessert. Man beschleunige, glaubten sie, den Heilungsprozeß in der Lunge und halte zumindest den Krankheitsprozeß auf, wenn man dem Kranken abgetötete Tuberkelbazillen, »Tuberkulin«, in die angeritzte Haut einreibe.

Allerdings waren sich die namhaften Tuberkuloseforscher in allen Ländern schon damals einig, daß diese These falsch sei. Heißmeyer wußte das nicht, und die Ärzte, denen er seinen Vortrag hielt, verstanden nichts von Tuberkuloseforschung. Heißmeyer wußte überhaupt sehr wenig, er war Praktiker und hatte niemals wissenschaftlich gearbeitet. Die Rassenlehre der Nazis hielt er für eine Wissenschaft.

1943 hatte er eine Arbeit »Grundsätzliches über Gegenwarts- und Zukunftsaufgaben der Lungenheilstätten« vorgelegt. Darin erklärte Heißmeyer, daß »rassisch minderwertige« Patienten Krankheiten wie der Tuberkulose gegenüber weniger widerstandsfähig seien als rassisch hochwertige. Deswegen müsse der Arzt bei der Entscheidung, welche Patienten überhaupt in einem Krankenhaus behandelt werden sollen, sein Urteil auf zwei Untersuchungsergebnisse stützen: »Auf den rassischen Wert einerseits und auf den Organbefund andererseits.« Unter »Organbefund« verstand Heißmeyer das, was Ärzte in aller Welt als Diagnose bezeichnen. Er komme aber, nach der Rassebegutachtung, »erst an zweiter Stelle zu stehen.«

Nach dem Vortrag fragte Professor Gebhardt den Reichsärzteführer Conti, ob Heißmeyer seine Versuche an Häftlingen des Konzentrationslagers Ravensbrück machen dürfe. Dort waren vor allem Frauen gefangen. Conti war einverstanden, Reichsarzt-SS Grawitz auch. Heißmeyer solle bei dem Reichsführer-SS Heinrich Himmler die Genehmigung der Versuche beantragen. Sie wollten den Antrag befürworten.

Adolf Hitler hatte 1942 bereits entschieden, »daß grundsätzlich, wenn es um das Staatswohl geht, der Menschenversuch zugelassen ist« und daß man dafür Häftlinge nehmen solle. Denn es sei falsch, daß »einer, der in einem KZ oder Gefängnis ist, vollkommen unberührt vom Kriege bleiben soll, während die deutschen Soldaten das fast Untragbare leisten müssen und die Heimat mit Frau und Kind unter der Phosphorbrandbombe zusammengeschlagen wird«.[1] Allerdings hatte Himmler befohlen, daß Menschenversuche in den KZs nur mit seiner Genehmigung durchgeführt werden durften.

Professor Gebhardt hat als Angeklagter im Nürnberger Ärzteprozeß darüber ausgesagt: »Das ganze Bestreben Himmlers war, eine SS-eigene Wissenschaft aufzuziehen… Diejenigen Menschen, die aus der Universitätsschule kamen oder gelernte alte Sanitätsoffiziere sind, haben sich natürlich gegen jede Neugründung im Dritten Reich gewehrt und hätten vielleicht diskutieren können, ob man den Ton und den Inhalt des Instrumentes, das schon bestanden hat, ändert. Es gab nun eine gewisse Gruppe im Dritten Reich, Menschen wie Himmler, Hess, die der Auffassung waren, daß auf diesem müden bürgerlichen Boden nichts Neues, Aktives mehr entstehen könnte, und man müßte daneben, so ganz auf die jungen, verschütteten Talente fußend, die neuen Wege suchen… Er gründete einen sogenannten ›Freundeskreis Himmler‹, dem ich nie angehört habe. Das war jene gefährliche Mischung von originellen Einzelpersönlichkeiten und Industrie. Und aus diesem Kreis bekam Himmler das Geld und auch so die Anregungen zu all diesen tausend Versuchen, die er auf allen Gebieten durchführte.«[2]

Heinrich Himmler hatte ein Jahr vor Kriegsende allen Grund, Menschenexperimente von seiner Genehmigung abhängig zu machen: Der geschwätzige Professor Gebhardt hatte überall herumerzählt, daß er Menschenversuche an gefangenen Frauen durchführte. Im Mai 1943 hielt er sogar vor 200 beratenden Ärzten der Wehrmacht in der Militärärztlichen Akademie Berlin einen Vortrag »Besondere Versuche über Sulfonamidwirkungen«.

So hatte schließlich auch das Ausland erfahren, daß deutsche Ärzte Gefangene als Versuchstiere behandelten und töteten. Die Empörung darüber war Himmler peinlich.

Ein Onkel mit SS-Beziehungen

Heißmeyer mußte also zuerst Himmler gewinnen, wenn er seine Menschenversuche an KZ-Häftlingen durchführen wollte. Zwar galt der Oberarzt Heißmeyer wissenschaftlich nicht als qualifiziert. Eine Ausarbeitung Heißmeyers über die »Erschöpfungstheorie« (nur »erschöpfte« und »minderwertige« Organismen könnten durch Tuberkelbazillen infiziert werden) wurde von Fachwissenschaftlern als unzureichend zurückgegeben.

Aber Heißmeyer hatte gute Beziehungen. Er war mit dem General der Waffen-SS Oswald Pohl befreundet. Der war als Chef des »Wirtschaftsverwaltungshauptamtes der SS« für alle Konzentrationslager zuständig. Und Heißmeyer hatte einen Onkel, der mit vielen bedeutenden Nazi-Politikern umging: August Heißmeyer, General der Waffen-SS und General der Polizei, Chef des SD-Hauptamtes (Sicherheitsdienst), Inspekteur der »Napolas« (Nationalpolitische Erziehungsanstalten) und verheiratet mit Gertrud Scholz-Klink, der Reichsfrauenschaftsführerin.

Es gibt keine Beweise dafür, daß dieser Onkel mit Himmler über die geplanten Menschenversuche seines Neffen gesprochen hat. Himmler war jedenfalls einverstanden. Und Oswald Pohl sagte dies bei einem zweiten Gespräch in Hohenlychen seinem Freund, dem Oberarzt Kurt Heißmeyer. Nur verlangte Pohl, daß die Versuche nicht in Ravensbrück stattfinden sollten, wo Gebhardt schon soviel unerwünschte Aufmerksamkeit verursacht hatte, sondern an einem diskreten Ort. Pohl und Heißmeyer einigten sich auf das Konzentrationslager Neuengamme bei Hamburg.

In der letzten Aprilwoche 1944 fuhr Heißmeyer mit Dr. Enno Lolling, dem Leiter des Sanitätswesens der SS, zum erstenmal zu seinem neuen Experimentierfeld. Er trug einen dunkelblauen Zivilanzug, obwohl er den Rang eines SS-Sonderführers hatte. Die Häftlinge sollten in ihm nur den Arzt sehen. Der Lagerkommandant Max Pauly machte die beiden Ärzte aus Hohenlychen mit seinem Stab bekannt. Vor allem lernte Heißmeyer den Neuengammer Standortarzt Dr. Alfred Trzebinski kennen, der für ihn die Experimente überwachen sollte.

Die Herren machten einen Rundgang durch das menschenüberfüllte Lager. Pauly, der immer sehr stolz auf seine technische Organisation war, führte die Baracke 4a vor, den hinteren Teil der Revierbaracke 4, der schon für Heißmeyers Experimente vorbereitet war. Sie wurde durch einen Holzzaun besonders abgegrenzt. Die Fensterscheiben waren weiß gestrichen. Was in dieser »Sonderabteilung Heißmeyer« geschah, sollte vor den Blicken der Häftlinge verborgen bleiben. Der Kontakt zwischen den Versuchspersonen und den übrigen Häftlingen des Lagers war bei Todesstrafe verboten.

Es muß Brot gebacken werden, Tag und Nacht

Für die Kinder gab es in Birkenau noch eine Schonzeit. Zuerst wollte Heißmeyer Versuche mit Erwachsenen machen, erst später mit Kindern.

Nachdem Georges Kohn in Auschwitz angekommen war, wurde er in die Baracke 11 des Blocks B Ia, das »Frauenlager« im KZ Birkenau, gebracht. Wie es war, wenn man dort ankam, wissen wir von einem gleichaltrigen polnischen Mädchen, Gisa Landau aus Tarnow, das durch die Rote Armee befreit wurde. Am 21. Oktober 1944 war sie in Auschwitz angekommen, also etwa zur gleichen

Zeit wie Georges Kohn: »Dicht gedrängt und halb erstickt fuhren wir in geschlossenen Waggons. Alle verabschiedeten sich voneinander, denn wir wußten, daß dort die Öfen und Gaskammern auf uns warteten. Obwohl wir oft darüber sprachen, konnte sich niemand recht vorstellen, wie es sein würde. Als wir abends in Auschwitz ankamen, trieb man uns nach Birkenau. Schon von weitem sahen wir den Himmel rot wie bei einem Brand. Daß Menschen so brennen sollten, konnten wir uns alle nicht vorstellen, obwohl wir schon viel erlebt hatten. Aus den Schornsteinen kam kein Rauch, nur Feuerregen. Die Leute fragten die Posten, was dort brenne, und die antworteten, es müsse doch Brot gebacken werden, Tag und Nacht. Aber wir wußten, daß das nicht sein konnte.

Nachts saßen wir in einem großen Saal. Es war so schrecklich, daß ich es nicht beschreiben kann. Wir weinten, beteten und saßen stumpf da. Manche waren schon ganz gleichgültig. Mutti preßte mich an sich und flüsterte, ich sollte mich nicht fürchten, denn Gott werde uns bestimmt so erretten wie bisher. Ich wollte Mutti nicht traurig machen und tat so, als wenn ich keine Angst hätte. In Wirklichkeit zitterte ich vor Angst am ganzen Leibe. Man gab uns kein Essen, aber wir spürten auch keinen Hunger. Weshalb sollten wir essen, wenn wir doch sterben mußten? Dann sortierte man uns aus. Es war entsetzlich. Wir mußten uns nackt ausziehen. In der Tür stand Dr. Mengele[3] und bestimmte, wer leben und wer sterben sollte… Wir gingen ins Bad, wo man uns die Köpfe rasierte und die Nummern eintätowierte. Ich bekam die Nummer A26098. Es hieß, es sei gut, wenn man überhaupt eine Nummer bekäme, dann wäre man fast gerettet. Aber leider wurden Kinder immer wieder herausgesucht und kamen in den Ofen.«

Georges Kohn ist keine Nummer eintätowiert worden. Man hat sich wohl die Mühe gespart, weil er für die »Sonderabteilung Heißmeyer« ausgesucht worden war, durch denselben Dr. Josef Mengele aus Günzburg, der auch Gisa Landau »sortiert« hatte.

In der Baracke 11 waren schon andere Kinder untergebracht. Mädchen und Jungen, die jüngsten fünf Jahre alt, die ältesten so alt wie Georges. Fast alle sprachen Polnisch. Doch dann fand der Junge ein Mädchen, das ebenso wie er aus Paris stammte. Es hieß Jacqueline Morgenstern und war auch zwölf Jahre alt.

Jacquelines Vater hatte mit seinem Bruder zusammen einen Friseursalon nah am Place de la République gehabt. Sie waren nach dem Ersten Weltkrieg aus Czernowitz in der rumänischen Bukowina nach Frankreich gegangen, als in ihrer Heimat der Antisemitismus immer drückender wurde. Sie lernten Französisch, doch zu Hause sprachen sie die Sprache, die seit vielen Generationen in der Bukowina gesprochen wurde, Deutsch. Dann kamen 1940 die Deutschen nach Paris. Die beiden Brüder Morgenstern mußten ihr Friseurgeschäft einem nichtjüdischen Franzosen abgeben. Leopold Morgenstern wurde in Paris von französischer Polizei verhaftet, während seine schwangere Frau Dorothéa mit ihren zwei Kindern den Häschern entkommen konnte. Karl Morgenstern flüchtete mit seiner Frau Suzanne und seiner Tochter Jacqueline nach Marseille ins damals noch unbesetzte Frankreich. Sie hatten gefälschte Papiere. Dort versteckten sie sich bei ihrer Tante in einem Hinterzimmer. Aber eines Tages denunzierte sie jemand bei der Gestapo. Am 26. Mai 1944, Jacqueline feierte ihren zwölften Geburtstag, wurden sie verhaftet und von Südfrankreich aus in das große Judensammellager Drancy gebracht.

Am 20. Juni 1944 ging ihr Deportationszug nach Auschwitz, der Konvoi Nummer 74 mit 565 Männern, 632 Fauen, 191 Kindern. Bei der Ankunft auf der Rampe wurden 188 Männer sofort nach rechts geschickt, in die Gaskammern. Jacqueline und ihre Eltern wurden noch für einige Zeit gerettet. Aber sie wurden getrennt. Der Vater kam ins Männerlager, Jacqueline und ihre Mutter ins Frauenlager. Suzanne Morgenstern, die früher als Sekretärin in Paris gearbeitet hatte, wurde immer schwächer, weil sie von ihren Rationen der kleinen Jacqueline abgab. Schließlich bekam sie die Ruhr, und bald darauf schickte man auch sie ins Gas. Karl Morgenstern muß von der Tötung seiner Frau noch erfahren haben. Er blieb bis zur Auflösung des Lagers Auschwitz dort und kam mit dem letzten Transport, bevor die Rote Armee das Lager befreite, nach Dachau. In einem offenen Güterwagen, im Januar 1945, ohne Verpflegung. Als er dort ankam, war er todkrank, abgemagert und wahnsinnig. Er lebte zwar noch, als die Amerikaner kamen. Doch nur noch wenige Tage. Am 23. Mai 1945 starb er im Krankenhaus Feldafing.

Jacqueline kam nach der Ermordung ihrer Mutter in die Kinder-Baracke 11. Dort fand sie für den Rest ihres Lebensweges einen Kameraden: Georges Kohn.

Heimweh nach den Eltern

Es war merkwürdig, wie man die zwanzig Kinder leben ließ. Ihre Baracke wurde geheizt, ihr Essen war fast ausreichend. Vier polnische Krankenschwestern wohnten bei ihnen, sangen Lieder mit ihnen, trösteten sie und brachten ihnen Spiele bei. Sie nahmen sie in die Arme, wenn die Kinder vor Heimweh nach den Eltern weinten, die es gar nicht mehr gab. Und sie versuchten, sie von dem entsetzlichen Geruch abzulenken, den die schweren, dunklen Wolken aus dem Krematorium verbreiteten, die so rochen »wie brennendes Fleisch. Irgendwie, als ob eine Gans im Ofen anbrennt, nur viel stärker«. So notierte es die Polin Krystyna Zywulska, die im Januar 1945 von der Roten Armee aus Birkenau befreit wurde.[4]

Und der später zu lebenslanger Haft verurteilte SS-Unterscharführer Oswald Kaduk, Rapportführer in Auschwitz, erinnerte sich in der Justizvollzugsanstalt Schwalmstadt: »Einmal kam mein Sohn auch mich besuchen, das war an einem Sonntag. Da war er damals acht oder zehn Jahre ... Und da hat er mir auch mal die Frage gestellt, Vati, hier riecht es schlecht, schlechte Luft. Was sollte ich dem Jungen sagen? ... Ich habe ihm gesagt, das kommt mir so vor, das ist die Weichsel, vielleicht vom Wasser, so und so, aber er hat gemerkt, und meine Frau auch ...«[5]

Jacqueline Morgenstern und Georges-André Kohn konnten sich nur schwer mit den anderen Kindern verständigen, obwohl sie gleichaltrige Gefährten hatten: die Polin Lelka Birnbaum, den Jugoslawen Junglieb und den zehnjährigen Polen Marek Steinbaum.

Am besten verstanden sie das Holländisch der beiden Brüder Hornemann. Der zwölfjährige Eduard wurde Edo gerufen, und den achtjährigen Alexander nannten alle Lexje. Die beiden waren sehr abgemagert. Sie hatten gerade das Sterben ihrer Mutter miterlebt. Elisabeth Hornemann war Ende September 1944 im Ambulatorium von Birkenau an Bauchtyphus gestorben. 37 Jahre alt. Und ihren Vater, der auch in Birkenau war, aber im Männerlager, hatten sie schon seit langem nicht mehr gesehen.

Doch bei der besseren Verpflegung, die es für die »Heißmeyer-Kinder« gab, erholten sich die beiden wieder. Für die Experimente brauchte man gesunde Kinder. Lexje gewann sogar die fröhliche Naivität des kleinen Clowns zurück, der er war. Die Jungen, mit denen er vor seiner Deportation in Eindhoven zur Schule gegangen war, wissen heute noch Anekdoten über ihn. Zum Beispiel, daß er auf die Rechenlehrerin zuging, ihr die Hand reichte und ihr einen guten Tag wünschte – was sehr gegen die Disziplin war. Oder daß er an seinem sechsten Geburtstag am 31. Mai 1942 den Judenstern bekam und ihn stolz wie ein Geschenk an seiner Jacke trug und vorzeigte. Auf die holländischen Mitschüler hat das großen Eindruck gemacht. Sie wußten mehr über diesen Stern als der lustige, naive Lexje Hornemann.

Seine Eltern hatten damals die Gefahr nicht ernst genug genommen. Sein Vater Philip Carel Hornemann, den man Flip nannte, war Einkäufer bei Philips in Eindhoven. Der Konzern hatte nach der Besetzung Hollands durch die deutsche Wehrmacht und dem Beginn der Judendeportationen eine besondere Abteilung für jüdische Mitarbeiter gebildet, die SOBU. Das hieß Speciaal Ontwikkelings Bureau. Hier wurden kriegswichtige Meßgeräte für die deutsche Besatzungsarmee hergestellt. Flip Hornemann kam Ende 1941 zusammen mit ungefähr hundert anderen Philips-Mitarbeitern zur SOBU. Hier fühlten sich die Juden vor den deutschen Greifkommandos sicher, geschützt von der Macht eines großen Konzerns.

Die Unternehmer taten viel, um ihren Mitarbeitern auch in dieser Zeit das Gefühl zu vermitteln, sie seien alle eine große Familie. Als die Deutschen 1943 den Firmeninhaber Frits Philips festnahmen, berichtete Flip Hornemann seinen Kindern davon mit solcher Eindringlichkeit, daß der sechsjährige Alexander jeden Abend für den Chef seines Vaters betete. Die Sicherheit in der Sonderabteilung war trügerisch. Am 18. August 1943 umstellten deutsche Truppen die SOBU in Eindhoven und nahmen alle Juden fest. Die Nachricht verbreitete sich sofort in der Stadt. Elisabeth Hornemann lief zur Fabrik und sah gerade, wie ihr Mann auf einen offenen Lastwagen verladen wurde. Sie konnte ihn noch schnell umarmen, und er flüsterte ihr zu: »Tauch unter!« Dann fuhren die deutschen Autos ins holländische Konzentrationslager Vught bei 's-Hertogenbosch.

Dort wurde innerhalb des Lagerzauns ein eigener Philips-Betrieb mit über dreitausend Häftlingen aufgezogen. Auch die SOBU-Juden sollten hier weiter Meßgeräte herstellen. Wer bei Philips war, bekam besseres Essen als die einfachen KZ-Häftlinge, den »Philips-Eintopf«. Er war auch besser geschützt vor den Grausamkeiten der SS und ihrem brutalen Schutzhaftlagerführer Arnold Strippel. Und ihnen wurde als besondere Vergünstigung angeboten, mit ihren Frauen und Kindern zusammen im Lager zu leben, wenn sie nachkamen.

Sie fuhren freiwillig ins KZ

Zwei Tage nach dem Abtransport der SOBU-Juden sollten sich die Frauen und Kinder, die nachkommen wollten, bereithalten. Elisabeth Hornemann glaubte, ihnen werde unter dem Schutz des Philips-Konzerns weniger geschehen, als wenn sie mit ihren beiden Jungen außerhalb des Konzentrationslagers wohnen bliebe. Aber dann besuchte sie ein Freund der Familie, der alte Pastor Vonk aus dem Dorf Aarle-Rixtel bei Eindhoven. Er beschwor sie, sich bei ihm im Schweinestall zu verstecken, genau wie ihre Schwester Ans. Während er noch auf sie einredete, kamen zwei Herren von der Philips-Geschäftsleitung, Goudekert und Marschalk, und sagten ihr, sie müsse unbedingt mit ins Lager gehen. Sonst könne die Firma nicht für ihre Sicherheit garantieren. Zwei Stunden dauerte dieses Gespräch auf Leben oder Tod. Nachbarn haben später erzählt, wie Elisabeth Hornemann weinend hin- und hergelaufen ist, weil sie nicht wußte, ob sie gehen sollte oder nicht.

Schließlich schrieb sie einen Zettel und gab ihn dem Pastor Vonk für ihre versteckte Schwester mit: »Ihr Lieben alle, es ist Freitagmorgen 11 Uhr. Jeden Moment kann der Bus kommen. Ich kann nicht zu einem Entschluß kommen. Die Philips-Leute haben auf mich eingeredet, sie sind noch so optimistisch. Habe mich nun entschlossen, mitzufahren, obwohl ich nicht ihre Hoffnung teile. Ich sei die einzige, die nicht mitfahren wolle, haben sie mir gesagt. Sie haben alles getan, mich von meinem Beschluß abzubringen. Freund Vonk hat unwahrscheinlich mit ihnen geredet. Ich war ganz am Ende. Nun werde ich stark bleiben und fahren. Flip wird verwundert sein, mich kommen zu sehen. Ich gehe weg, wie findest du das? Aber ich komme zurück.« Als der Philips-Bus kam und vor der Haustür der Hornemanns in der Gagelstraat 49 hielt, zog Elisabeth Hornemann ihren Kindern Mäntel an und bestieg den Bus.

Ihr Mann war entsetzt, als er sie und die beiden Kinder aus dem Bus steigen sah: »Warum seid ihr gekommen? Ihr hättet wegbleiben sollen!« Er ahnte das Ende. Denn im KZ Vught blieben die SOBU-Juden nur bis zum 3. Juni 1944. Dann mußten auch sie in den Deportationszug. An dem Tag, als sie in Birkenau auf der Rampe standen, am 9. Juni 1944, war das englisch-amerikanische Invasionsheer in der Normandie gelandet.

Die Männer wurden von den Frauen getrennt. Die Kinder blieben bei ihren Müttern. Dann schickte man die Männer in Arbeitsbaracken, die Frauen und Kinder in die Dusche. Einige hatten von den Gaskammern gehört und warteten nun nackt auf den Tod. Aber aus den Duschöffnungen kam kein Zyklon-B, sondern Wasser. Richtiges, warmes Wasser. Es war unglaublich, daß es in Birkenau Duschen gab, die nichts als Duschen waren. Dann wurden ihnen die Haare geschnitten, und sie kamen in eine Baracke. Nach drei Monaten wurde Elisabeth Hornemann krank, Thyphus. Ihre beiden Kinder standen jeden Tag vor der Krankenstation.

Eine holländische Mitgefangene, Lena Goslinski-Frank, hat nach ihrer Rettung berichtet, sie habe Edo und Lexje damals vor der Ambulanz getroffen. »Beide waren krank, und Lexje hatte so stark abgenommen, daß ich ihn erst gar nicht wiedererkannte. Sie erzählten mir, daß ihre Mutter im Krankenhaus liege. Ich habe später nichts mehr von den beiden gehört. Nach dem Zustand zu urteilen, in dem ich sie damals traf, nehme ich es als sehr wahrscheinlich an, daß beide kurz nach unserer Begegnung gestorben sind.«

Ein paar Tage nach dem Tod ihrer Mutter wurden die beiden Jungen beim Morgenappell vor der Baracke aufgerufen, mußten vortreten und wurden weggebracht. »Das war ein sehr beeindruckender Augenblick«, schildert Hetty Lissauer diese Situation, die als Achtjährige in das KZ gekommen war. »So etwas war noch nie vorgekommen. Wir haben nie erfahren, um was es ging.«

Die Hornemann-Kinder waren für die Experimente des Doktor Heißmeyer ausgesucht. Von diesem Augenblick an hat keiner der holländischen Häftlinge die beiden Jungen wiedergesehen. Auch ihr Vater nicht. Philip Carel Hornemann wurde, wie Karl Morgenstern, am 17. Januar 1945 vor der Befreiung von Auschwitz durch die Rote Armee bei minus zwanzig Grad in seinem dünnen Häftlingsanzug auf einen offenen Güterwagen verladen. Der Zug fuhr tagelang nach Dachau. Von dort kam Philip Carel Hornemann später nach Sachsenhausen. Unterwegs ist er am 21. Februar 1945 erfroren oder verhungert.

Obwohl keines der zwanzig Kinder eine Schilderung vom Leben in Birkenau gegeben hat, kennen wir es ziemlich genau. Denn nahe der Baracke 11 gab es eine zweite Kinderbaracke. Dort hielt sich der SS-Arzt Dr. Josef Mengele eine Versuchsgruppe jüdischer Zwillinge.

An ihnen wollte er durch Messungen feststellen, welche Übereinstimmungen es bei Zwillingspaaren gibt. Er hoffte, durch die Begründung einer eigenen »Zwillingslehre« ebenso wie sein SS-Kollege Heißmeyer Professor zu werden.

Wie es in Mengeles Baracke zuging, hat die polnische Krankenschwester Elzbieta Piekut-Warszawska[6] geschildert, die ebenso wie ungefähr hundert andere der »Mengele-Kinder« Birkenau überstanden hat: »An der Längsseite des Holzgebäudes verlief ein Backsteinofen. Im Inneren des Raumes waren Pritschen aufgestellt. Die Kinder waren jüdischer Herkunft und aus verschiedenen Ländern, Frankreich, Holland, Belgien, Ungarn, Deutschland. Bei der Einlieferung waren die Kinder noch gesund und hübsch, nur etwas erschrocken und verweint. Sie schliefen, je nach dem Alter, zu zweit oder zu viert auf einer Pritsche, auf Strohsäcken, ohne Bettlaken und ohne Kissen. Auf jeder Pritsche befanden sich zwei Decken. Die Ernährung bestand aus schwarzem Lagerbrot, Margarine, sonntags Marmelade und Weißbrot; aus schwarzem

Kaffee-Ersatz, Milchsuppe, Nudeln, Grießbrei, aus Wurst einmal wöchentlich, Kartoffeln mit gekochtem Kohlrabi und Käse … Zu dritt mußten wir die Kinder täglich in kleinen Schüsseln mit ganz wenig Wasser waschen. Die älteren Kinder waren uns behilflich.«

DER TOD WAR FÜR DIE KINDER ETWAS ALLTÄGLICHES

Das Kinder-Kommando vom Rollwagen

Georges Kohn und Jacqueline Morgenstern hatten das Glück, mit deportierten Franzosen in Kontakt zu kommen, die ihnen halfen und Mut machten. »Wir alle haben Georges liebevoll empfangen«, schrieb der Häftling Louis Micard aus Rouen nach dem Kriege an Philippe, den geretteten Bruder von Georges. »Jeder von uns versuchte, ihn vergessen zu lassen, wo er sich befand, um seinen Kummer zu mildern, den er über die Trennung von seiner Mutter empfand... Wochen vergingen. Eine Selektion der Kinder fand statt. Georges machte einen schwächlichen Eindruck, und wir fürchteten, daß er selektiert werde. Kameraden, französischen Ärzten, gelang es auf der Krankenstation, wo die Selektion stattfand, mit künstlicher Hilfe, ihn durchkommen zu lassen.

Die schlimmen Tage kamen. Der Winter, der Schnee, der Wind, die Kälte waren unsere Feinde. Doch Georges ging es gut. Warme Kleidung wärmte ihn, und festes Schuhwerk – eine seltene Sache – schützte seine Füße vor der Nässe. Er arbeitete am ›Rollwagen‹, in den die Abfälle kamen sowie das Feuerholz und manchmal Kohle. Der Kapo war ein Deutscher, ein Schreihals, aber nicht sehr scharf, und er schlug nicht... Ich verlor den kleinen Georges aus den Augen. Er war ein sehr lieber Junge, den meine Kameraden und ich als unseren kleinen Bruder betrachteten.«

Der französische Arzt Albert Vogel aus Neuilly-sur-Seine schrieb nach dem Krieg:

»Ich arbeitete als Arzt eines Blocks ebenso wie andere Kameraden, Dr. August, Dr. Desire Hafner. Wir haben versucht, das moralische und körperliche Dasein des kleinen Kohn zu erleichtern. Es ging ihm während unseres Aufenthaltes in Birkenau recht gut, und er war in unserer Gesellschaft relativ glücklich. Er besuchte mich oft in meinem Block, und ich habe auf diese Weise die Odyssee der unglücklichen Familie Kohn erfahren.«

Ebenso wie die »Mengele-Kinder« mußten auch die aus der Baracke 11 zu den medizinischen Untersuchungen ins Ambulatorium. »Für das Kind war es ein schweres Erlebnis«, schreibt Elzbieta Piekut-Warszawska. »Verängstigt, müde, hungrig und starr vor Kälte standen sie um sechs Uhr morgens auf und legten den eineinhalb Kilometer weiten Weg vom Block zum Ambulatorium zurück... Es war schon sehr kühl, da wir uns ja an der Monatswende des September zum Oktober befanden und das Untersuchungszimmer nicht geheizt war. Die untersuchten Kinder mußten sich nackt oft fünf bis fünfzehn Minuten lang vor dem Röntgenschirm aufstellen, da während der Durchleuchtung das Bild besprochen und diskutiert wurde... Nach der Rückkehr in den Block fingen die Kinder zu fiebern an, bekamen Angina, starken Husten, Stirn- und Nasenhöhlenentzündung und nicht selten Lungenentzündung.«[7]

Von einer dieser Untersuchungen ist eine Rachenabstrich-Karte erhalten geblieben, trotz der Vernichtung fast aller schriftlicher Unterlagen bei der Räumung des Lagers. Diese Karte ist das einzige heute noch im Auschwitz-Museum vorhandene Dokument von dem Leidensweg der gefangenen Heißmeyer-Kinder. Sie belegt, daß am 14. Mai 1944 bei dem italienischen Kind Sergio de Simone, geboren am 29. November 1937, Auschwitz-Nummer 179614, ein Abstrich gemacht wurde. Seine Eltern hießen Eduardo und Gizella de Simone, geborene Perlow. Die Simones waren mit einem Transport aus dem Sammel-Lager Triest gekommen, in dem die italienischen Juden zum Abtransport nach Auschwitz konzentriert wurden.

Auch Kinder begreifen, was der Tod ist, wenn sie jeden Tag die lodernden Feuersäulen aus dem Schornstein eines Krematoriums sehen. Der Wiener Kinderarzt Dr. Otto Wolken war damals einer der Häftlingsärzte in Birkenau. Er hat nach dem Kriege darüber berichtet: »Wenn ich an Kinder denke ...«[8] – Otto Wolken erzählt von einem neunjährigen polnischen Jungen. Der sprach, nachdem er zur Vergasung ausgesucht war, den Arzt an: »Ich habe noch ganz gute Schuhe. Vielleicht findest du jemanden, der sie für eine Brotration eintauschen will. Ich werde sie nicht mehr brauchen. Ganz bestimmt nicht. Und so gerne möchte ich mich vor dem Tode noch einmal satt essen.«

Doktorspiele in Birkenau

Der Tod war den Kindern etwas Alltägliches. Er war nicht nur in den Gaskammern, er kam auch in vielen anderen Gestalten. Eine schreckliche Form war die Kinderseuche Noma. Dabei wird das Gesicht der hungernden Kinder von einem krebsartigen Geschwür zerfressen. Davor hatten selbst die SS-Leute Angst. Der Lagerkommandant Rudolf Höss schildert, wie er dem »Reichsführer-SS« Heinrich Himmler 1942 diese todkranken Kinder vorführte:

»Es kam der RFSS-Besuch im Juli 1942. Ich zeigte ihm das Zigeunerlager eingehend. Er sah sich alles gründlich an, sah die vollgestopften Wohnbaracken, die ungenügenden hygienischen Verhältnisse, die vollbelegten Krankenbaracken, sah die Seuchenkranken, sah die Kinderseuche Noma, die mich immer erschaudern ließ, sie erinnerte mich an die Leprakranken, an die Aussätzigen, die ich in Palästina einst sah, diese abgezehrten Kinderkörperchen mit den großen Löchern in der Backenhaut, durch die man durchsehen konnte, dieses langsame Verfaulen bei lebendigem Leibe.«[9]

Doch Kinder nehmen selbst den Tod, der sie umgibt, in ihr Leben auf. Sie können mit ihm spielen. »Sie spielten ›Lagerältester und Blockältester‹, ›Appell‹ mit ›Mützen ab‹, sie spielten die Kranken, die beim Appell ohnmächtig wurden und dafür Schläge bezogen, oder ›Arzt‹, der den Kranken ihre Essensration wegnahm und ihnen die Hilfe verweigerte, wenn sie ihm nichts geben konnten. Einmal spielten sie auch ›Gaskammer‹. Sie machten eine Grube, in die sie ein Steinchen nach dem anderen schoben. Das sollten die Menschen sein, die ins Krematorium kamen, und sie ahmten ihre Schreie nach. Ich sollte ihnen zeigen, wie man den Kamin aufstellen müsse«, berichtete Hanna Hofmann-Fischel.[10]

Manche Jungen, die schon etwas größer waren, hatten noch ein anderes Spiel, eine Mutprobe. Sie gingen ganz nahe an den elektrischen Zaun heran, und manche berührten ihn sogar blitzartig mit den Fingerspitzen. Sie hatten Glück. Tagsüber war der Strom in Auschwitz meistens abgeschaltet.

Georges Kohn ist in dieser Zeit, als er am Rollwagen arbeitete, möglicherweise sogar einmal in der Gaskammer gewesen – zur Besichtigung. Einer der Jungen, die mit ihm die schwere Arbeit am Rollwagen machen mußten, beschreibt diese Szene, Jehuda Bacon aus Mährisch-Ostrau. Er war drei Jahre älter als der Franzose.

Zum Aufräumen in die Gaskammer

»Ich geriet in ein sogenanntes Rollwagenkommando. Das war ein Wagen, der statt von Pferden von zwanzig Jugendlichen gezogen wurde. Auf diese Weise kam ich überall im Lager herum. Ich wußte genau, was in Auschwitz geschah. Sogar ins Frauenlager gelangten wir und öfter auch ins Krematorium. Unsere Arbeit bestand darin, Decken und Wäsche zu verteilen, vor allem aber mußten wir von dem Holz am Krematorium, das für die Verbrennungen dort benötigt wurde, einiges zum normalen Verbrauch ins Lager schaffen. Ich erinnere mich, daß uns der Kapo im Winter einmal sagte:

›Jungens, ihr habt schon aufgeladen. Wenn ihr euch noch ein bißchen wärmen wollt, geht in die Gaskammer. Da ist jetzt niemand drin.‹

So geschah es, daß wir die Gaskammern, die Öfen, die ganze Installation besichtigen konnten, vor allem das unterirdische Krematorium 2. Wir waren jung damals, und alles interessierte uns. Einmal sagte ich zu einem Angehörigen des Sonderkommandos: ›Erzählen Sie es mir doch, vielleicht komme ich mal raus, und dann werde ich über Euch schreiben.‹

Sie lachten nur und erklärten, daß niemand von hier lebend herauskomme. Aber sie erklärten mir trotzdem viel. Die unterirdischen Krematorien 1 und 2 waren von ganz moderner Bauart. Man ging – so erzählte mir der Angehörige des Sonderkommandos – zuerst in einen Entkleidungsraum. (Ich selber war ja nie drinnen, wenn ein Transport da war. Manchmal standen wir draußen, und man sagte uns: Jetzt könnt ihr nicht rein, jetzt sind Menschen drin.) Die Leute mußten sich ausziehen. An den Wänden waren Haken mit Nummern angebracht. Die SS-Leute pflegten dann zu den Menschen zu sagen: ›Legt die Kleider schön zusammen und merkt euch die Nummer gut, damit ihr eure Sachen nach der Desinfektion auf der anderen Seite zurückbekommt.‹ Viele fragten, ob es nicht Kaffee gäbe, weil sie nach der langen Fahrt durstig waren. Dann antwortete ihnen der SS-Mann: ›Schnell, schnell, der Kaffee wird kalt. Der Kaffee wartet auf euch im Lager.‹

Wenn die Leute ausgezogen waren, trieb man sie in die Gaskammern. Auf den ersten Blick konnte man die Gaskammer für einen richtigen Duschraum halten. Ich war aber sehr neugierig und schaute mir das näher an. Da entdeckte ich, daß bei dem Apparat, aus dem bei einer Dusche das Wasser fließt, die Löcher nur angedeutet waren. Darunter befanden sich Öffnungen für Ventilatoren.

Die Lampen an der Decke waren mit einem Drahtschirm versehen. Von der Mitte der Decke bis auf den Boden waren zwei Käfigen ähnliche Gitter angebracht von 40 Zentimetern im Quadrat.

Wenn alles fertig war, öffnete ein SS-Mann vom Dach der Gaskammer aus eine Luke und schüttete das Zyklon B in diese Käfige hinein. Nach einiger Zeit, wenn alle tot waren, trat eine automatische Ventilation in Tätigkeit. Und später kamen die Sonderkommandos, nahmen die Toten heraus und warfen sie in einen Aufzug, der sie in den ersten Stock beförderte. Von dort wurden die Toten mit Waggons auf Gleisen in die Öfen gefahren, wo sie verbrannt wurden. Vorher brach ein besonderes Kommando den Toten noch die Goldzähne heraus. Manchmal wurden ihnen auch noch die Haare abrasiert, wenn das nicht schon vorher geschehen war.«[11]

Doch die Todesangst, in der sie damals alle in Birkenau lebten, wechselte immer wieder mit Hoffnung ab. Obwohl es keine Zeitungen und kein Radio gab, wußten selbst die Kinder, daß die Retter immer näher kamen. Im Juli 1944 hatten die Sowjetsoldaten das Konzentrationslager Majdanek bei Lublin befreit. Das war 300 Kilometer von Auschwitz und Birkenau entfernt. Ende Oktober 1944 stand die Rote Armee am Stadtrand von Krakau, nur noch sechzig Kilometer östlich.

Auf einmal hörten die Vergasungen auf. Die Krematorien wurden abgerissen. Ein Polier namens Koch von der Erfurter Ofenbaufirma J. A. Topf und Söhne[12] überwachte die Demontage und ließ die eisernen Teile der Anlage in einen Güterzug verladen. Die modernste Leichenverbrennungsmaschine der Welt, in der täglich bis zu 7000 Menschen verbrannt werden konnten, sollte in einem anderen Konzentrationslager des Deutschen Reiches wieder aufgebaut werden. Möglicherweise in Groß Rosen.

Eines Tages erschütterte eine Detonation das Lager Birkenau. Manche Häftlinge glaubten, daß die Amerikaner den so lange erhofften Bombenangriff gegen die Todesfabrik begonnen hätten. Doch es war die SS, die das Mauerwerk der Gaskammern gesprengt hatte. Das Ende von Birkenau und Auschwitz war nahe. Das Ende, das den Häftlingen entweder den Tod oder die Freiheit bringen mußte.[13] Da kam der Befehl aus Berlin: Jetzt brauchte Heißmeyer die Kinder in Neuengamme.

Eine Flasche voll Tod

Anfang Juni 1944 hatte Dr. Heißmeyer im KZ Neuengamme die Experimente begonnen, zuerst mit Erwachsenen und absolut geheim. Niemand außer den Versuchspersonen, dem deutschen Pfleger Herbert Kirst und den beiden französischen Häftlingsärzten Professor Florence und Professor Quenouille durfte die »Heißmeyer-Baracke« betreten. Niemand durfte über die Versuche sprechen. Es war bei Todesstrafe verboten. Sie taten es trotzdem.

Jeden Mittwoch kam Heißmeyer von Hohenlychen nach Neuengamme, 275 Kilometer. Er trug immer Zivil, immer Dunkelblau. Als er das erstemal kam, brachte er eine Glasflasche mit. Darin war ein Stamm lebender, virulenter, also ansteckungsfähiger Tuberkulosebazillen. Er hatte sie aus dem Labor des Berliner Bakteriologen Professor Meinicke. Der wußte nichts von Heißmeyers Versuchen. Aber die Anforderung dieser Bakterien war von der SS gekommen. Deshalb warnte er Heißmeyer, sie an Menschen zu erproben. Humanversuche seien allenfalls mit abgetöteten Tbc-Viren zulässig. Heißmeyer beruhigte ihn, er plane keine Humanversuche.

Später hat Heißmeyer darüber vor den Vernehmungsbeamten ausgesagt. Im Protokoll heißt es: »Bei Erhalt des Serums wurde ich von Meinicke ermahnt, unbedingt erst einmal Tierversuche vorzunehmen, um die Wirkung desselben kennenzulernen. Dem kam ich zwar nach, aber während des gesamten Versuchsverlaufs injizierte ich das Serum nur insgesamt zwölf Tieren, obgleich ich wußte, daß diese Zahl von Tierversuchen völlig ungenügend war. Außerdem war es so, daß die Tierversuche parallel zu den Versuchen mit den Häftlingen liefen. Meinicke hatte mir aufgetragen, Versuchstiere, denen ich das Serum injizieren sollte, mindestens drei bis vier Monate zu beobachten, weil erst dann mit einiger Sicherheit etwas über die Wirkung des Serums gesagt werden könnte.

Daran hielt ich mich aber nicht, weil ich ja in kürzester Zeit Ergebnisse der Anwendung des Serums bei Menschen haben wollte. Ich injizierte deshalb das Serum auch schon kurze Zeit nach Erhalt desselben zunächst einer mir nicht mehr erinnerlichen Anzahl von erwachsenen Häftlingen des KZ-Lagers Neuengamme, das heißt, ich habe den Ausgang der Tierversuche nicht abgewartet. Als Arzt wußte ich natürlich, daß ich dies nicht tun durfte, denn es handelte sich ja in der Endkonsequenz um ein virulentes Serum, das ich injizierte. Damit setzte ich die Versuchsperson bewußt der Gefahr der Erkrankung an Tbc aus, womit gleichzeitig eine Gefahr für das Leben der Häftlinge und der später zu den Versuchen herangezogenen Kinder heraufbeschworen wurde. Diesbezüglich ist zu sagen, daß eine Tuberkulose jede Prognose offen läßt. Ich rechnete auch damit, daß ungünstigenfalls Versuchspersonen an den Folgen der durch die Injektion entstehenden Tbc sterben würden, letzteres war deshalb der Fall, weil zur damaligen Zeit ja noch nicht die Medikamente zur Verfügung standen, deren Anwendung heute die Heilungsaussichten bei Tbc wesentlich vergrößert. Zum anderen war es ja so, daß ich zu den Versuchen größtenteils Häftlinge heranzog, die schon schwer Tbc-krank waren. Ich wußte, daß bei diesen Häftlingen durch die Versuche eine Verschlechterung des Gesundheitszustandes eintreten konnte, so daß deren Aussichten, die Krankheit zu überstehen, äußerst gering waren.«[14]

In Heißmeyers »Labor«, in der Baracke 4a, wurde die Flasche mit dem todbringenden Bazillenstamm aufbewahrt, und dort wurden daraus Injektionslösungen hergestellt. Heißmeyer zeigte Kirst, wie dies geschehen sollte: Mit einer kleinen Stahlöse an einem Glasstab wurde nach Gutdünken etwas Material aus der Bakterienkultur entnommen und in einem Porzellanmörser mit Kochsalzlösung verrieben. Daß dies eine lebensgefährliche Arbeit ist, bei der unbedingt Schutzmasken getragen werden müssen, wußte Heißmeyer nicht. Professor Otto Prokop, der Leiter des Instituts für Gerichtliche Medizin an der Humboldt-Universität Berlin (DDR) gutachtete später: »Die Frage der Dosierung der Bakterien wurde von ihm überhaupt nicht geprüft.«[15]

Diese Lösung ließ Heißmeyer sich dann in den Röntgenraum der Krankenrevierbaracke 1 bringen. Dort hatte Kirst einen Häftling für den Versuch vorbereitet. Der Gefangene mußte sich auf einen Hocker setzen, und Heißmeyer führte ihm einen Gummischlauch durch die Luftröhre in die Lunge ein. Das war sehr schmerzhaft und rief einen starken Hustenreiz hervor. Manchmal verletzte Heißmeyer die Luftröhre, und es kam Blut. Manche Häftlinge schrien dabei.

Dann mußte der Mann hinter den Röntgenschirm treten. Heißmeyer kontrollierte die Lage der Sonde, machte die erste Röntgenaufnahme und spritzte nun die Tuberkel-Lösung in die Lungenflügel. Meist waren es sehr abgemagerte junge Männer zwischen zwanzig und dreißig, vor allem Russen, gefangene Sowjetsoldaten. Einige wogen nur noch 35 bis fünfzig Kilo. Solange sie in der »Sonderabteilung Heißmeyer« waren, bekamen sie besseres Essen. Weißbrot zum Beispiel. Das hatte sich herumgesprochen, und so meldeten sich sogar Freiwillige bei Heißmeyer.

»Von freiwilligen Meldungen weiß ich zwar nichts«, sagte Heißmeyer später, »aber mir ist in Erinnerung, daß einige Häftlinge nicht wieder aus meiner Baracke wegwollten, weil sie eben, gemessen an den Verhältnissen im übrigen Lager, eine relativ gute Verpflegung bekamen. Letzteres geschah, weil es im Interesse der Versuche lag.«[16]

Der SS-Arzt konnte sich zu seinen Versuchen auswählen, wen er wollte. Denn nicht nur der Lagerkommandant Pauly, alle SS-Leute im Lager wußten von seinen guten Beziehungen nach Berlin und zu den führenden Kreisen der SS.

Bei seinen Versuchen spritzte er die Tuberkel-Aufschwemmung nicht nur in die Lungenflügel, sondern auch unter die Haut. Anderen Häftlingen rieb er tuberkulösen Auswurf in angeritzte Hautstellen.

Man hat nie erfahren können, wie viele Erwachsene Heißmeyer in die Hände geraten sind. Es müssen über hundert gewesen sein. Erhalten geblieben sind die Krankenpapiere von 32 Versuchspersonen.

Zuerst experimentierte er mit einer Gruppe Kranker mit schwerer doppelseitiger Lungentuberkulose. Dann kam eine Gruppe, die nur in einem Lungenflügel an Tbc litt. Die dritte Gruppe war frei von Lungentuberkulose, litt aber an Tuberkulosebefall in anderen Organen. Und schließlich holte Heißmeyer sich wahllos einige tuberkulosefreie, gesunde Häftlinge als »Kontrollpersonen«.

Sie zumindest wußten, daß sie hier krank gemacht wurden. Die anderen konnten immerhin denken, der Doktor unternehme an ihnen eine Heilbehandlung. Doch in Wahrheit stand der Tod vor ihnen.

Später ist Heißmeyer bei seinen Vernehmungen gefragt worden, was er seinen Versuchspersonen über den Charakter der Experimente mitgeteilt habe.

Heißmeyer: »In Beantwortung dieser Frage muß ich bekennen, daß ich die Versuchspersonen nicht über den Sinn und Zweck der Experimente sowie die damit für sie verbundenen Gefahren unterrichtete. Dies war aufgrund der rechtlosen Lage der Insassen des KZ-Lagers auch nicht erforderlich, denn diese waren ja infolge der dort herrschenden Bedingungen mehr oder weniger gezwungen, sich mir zur Verfügung zu stellen, wenn ich sie für die Versuche geeignet hielt.«[17]

Den Abschluß seines Versuchs sah Heißmeyer in der Sektion der Patienten. Nachdem er vier Wochen lang beobachtet hatte, wie sie zuerst hohes Fieber bekamen und wie sich die Tuberkuloseherde in der Lunge ausbreiteten, sagte er seinem Kollegen Trzebinski, die Versuche seien beendet. Am darauffolgenden »Heißmeyer-Tag« fand er dann die frisch erhängten Versuchspersonen in der Leichenkammer fertig zur Sektion vorbereitet. So geschah es auch am 8. November 1944 mit den vier Häftlingen Nedza, Wesselowsky, Wolniewicz und Iwan Tschurkin, einem Schlosser aus Kalinin, der einige Tage vorher 22 Jahre alt geworden war.

Später, vor Gericht, hat Heißmeyer gesagt, er habe im Herbst 1944 selbst erkannt, daß in allen Fällen eine Verschlechterung des Gesundheitszustandes der Versuchspersonen eingetreten sei. Spätestens zu diesem Zeitpunkt war auch ihm klar geworden, daß die Impfung mit lebenden Tuberkelbazillen die Tbc nicht heilen, sondern nur verschlimmern konnte.

Dazu Heißmeyer selbst bei seiner Vernehmung: »Nachdem ich im Herbst 1944 einschätzte, daß mein Vorhaben, mit dem erwähnten Serum Tbc-Kranke zu heilen, mißglückte und sich der Gesundheitszustand der meisten Häftlinge nicht gebessert, sondern verschlechtert hatte (Zahlen kann ich hierbei nicht mehr nennen), brach ich die Versuche ab und forderte 20 Kinder an, an denen ich mit dem gleichen Serum Versuche zur Immunisierung gegen Tbc sowie zur Feststellung einer eventuell bereits vorhandenen Immunität vornahm.«[18]

Obwohl also auch für ihn eine Fortsetzung der Experimente sinnlos geworden war, führte er sie weiter. Er wollte seine Habilitationsarbeit fertig machen, und eine Versuchsgruppe fehlte noch: die Kinder.

EIN EXEKUTIONSBEFEHL AUS BERLIN

Die Kinder kommen

Über den Transport der Kinder von Auschwitz nach Neuengamme gibt es eine protokollarische Aussage. Die Ärztin Dr. Paulina Trocki, geboren am 28. Dezember 1905 in Kischinew im damaligen Österreich-Ungarn, lebte seit 1923 in Belgien und war dort mit einem Arzt verheiratet. Die Nazis hatten sie als aktive Widerstandskämpferin verhaftet und in das KZ Auschwitz verschleppt. Nach dem Kriege emigrierte sie nach Israel und lebte bis zu ihrem Tode in Giwateim (Maonot Poalim). Sie erklärte am 30. Dezember 1956 dem Protokollführer Dr. Ball Kaduri:[19] »Ich wurde eines Mittags zum Lagerführer gerufen, und mir wurde gesagt, daß ich mit Kindern auf einen Transport gehen müßte, um sie zu begleiten. Außer mir drei Schwestern, davon eine Laborantin aus Ungarn. Es waren zehn Jungen und zehn Mädchen im Alter zwischen sechs und zwölf Jahren, alles Juden, aber aus den verschiedensten Ländern, zwei waren aus Paris. Ich fragte, weshalb die Kinder verschickt würden. Man sagte: Alles Kinder ohne Eltern. Von den Kindern erfuhr ich, daß viele der Eltern im Arbeitslager auf Transport geschickt worden waren.

Der Transport wurde von einem SS begleitet. Zwanzig Kinder, eine Ärztin, drei Schwestern. Er wurde in einem besonderen Wagen einem normalen Zuge angehängt, und es sah in dieser Aufmachung für das Publikum normal aus. Bei der Reise mußten wir alle Judenabzeichen abnehmen, damit die Bevölkerung nicht aufmerksam wurde. Um Annäherung an uns zu vermeiden, sagten sie, es sei ein Typhustransport.

In dem Transport war ein Kind, zwölf Jahre alt, Sohn von Dr. Kohn, nach meiner Erinnerung Direktor des Rothschildhospitals in Paris. Als es die große Stadt Berlin vom Zuge aus sah, sagte es: Wenn ich irgendeine Adresse wüßte, würde ich von hier fliehen. – Der Vater war mit der letzten Versendung von Paris nach Buchenwald geschickt worden.

Auf der Reise war die Verpflegung ausgezeichnet. Es gab Schokolade, Milch. Nach zwei Tagen kamen wir nachts in Neuengamme an. Ich sah, wie jemand weinte, als er die Kinder sah. Ich sprach mit einem Medizinstudenten aus Belgien,[20] so konnten wir Französisch sprechen. Er sagte: Ich fürchte, sie wollen die Kinder zu Kinderversuchen benutzen. Aber es gibt hier auch einen französischen Arzt, Dr. Florence. Er versucht, die Kinder zu retten.

Dieser Medizinstudent arbeitete in der Apotheke. Die Kinder sah ich nicht wieder.«

Am 29. November 1944 kam der Transport auf dem Nebengleis von Neuengamme an, das direkt ins Lager führte, drei Tage vor dem ersten Advent.

Es war schon alles für die Kinder vorbereitet. Die Baracke 4a war geheizt, jedes Kind bekam ein eigenes Bett in den doppelstöckigen Liegen – Luxus im KZ. Im Vorraum waren vier Männer untergebracht, die von nun an die Kinder betreuen sollten, die zwei holländischen Krankenpfleger Dirk Deutekom und Anton Hölzel und die zwei französischen Professoren René Quenouille und Gabriel Florence.

Neuengamme war ein reines Männerlager. Es gab nur eine Sonderbaracke für Frauen. Die Ärztin und die drei polnischen Krankenschwestern wurden in den hinteren Räumen der Sonderbaracke untergebracht.

Die Hausfrau Ruth Schemmel aus Hamburg, damals Gefangene in der Sonderbaracke von Neuengamme, berichtet: »Zwei Frauen waren sehr mager und zwischen 45 und 55 Jahre alt. Die eine war Ärztin, die andere Apothekerin. Die beiden jüngeren waren Polinnen und in keinem so schlechten Zustand. Sie waren zwischen 20 und 30 und hatten kürzeres Haar. Es sah so aus, als seien sie früher mal geschoren worden, und das Haar sei dann wieder nachgewachsen. Sie sagten, sie hätten einen Kindertransport aus Auschwitz hierher begleitet, und sie glaubten, daß man sie mit den Kindern zusammenlassen werde. Sie hatten nur kleine Beutel bei sich mit Zahnbürsten und Waschlappen. Sonst hatten sie nichts. Den ersten Adventssonntag haben wir gemeinsam gefeiert. Da hatten wir ein paar grüne Tannenzweige. An einem Abend kam der Rapportführer Wilhelm Dreimann und sagte mir, morgen gibt's keine Verpflegung mehr für die Neuen. Die kommen jetzt weg. Dienstagfrüh holte er sie. Die Frauen haben ihre Beutel genommen, und ich habe mich noch von ihnen verabschiedet. Dann sind sie Richtung Bunker gegangen.«

Die Ärztin schickte man ins Lager Bendorf bei Magdeburg. Wo die Krankenschwestern blieben, ist nicht bekannt.

Der Häftling Michel Müller hat später, am 27. März 1946, vor dem Britischen Militärgericht in Hamburg die Exekution von vier polnischen Frauen 1944 im Bunker von Neuengamme geschildert. Es ist nicht sicher, ob die drei Krankenschwestern dabei waren. Aber sie könnten es gewesen sein.

Müller: »Im Jahre 1944 wurden im Bunker vier polnische Frauen aufgehängt. Diese Frauen haben sich furchtbar gewehrt, weil sie sich nackt ausziehen sollten. Sie haben furchtbar geschrien. Die Häftlinge auf der Baustelle hörten diese Schreie, wußten aber nicht, was los war.«
Staatsanwalt: »Wir wollen wissen, was Pauly damit zu tun hat.«
SS-Obersturmbannführer Max Pauly, 37 Jahre alt, Vater von fünf Kindern, war Kommandant des KZ Neuengamme.
Müller: »Der Kommandant Pauly war bei jeder Hinrichtung im Bunker dabei. Eine der vier Frauen war schwanger. Auf Wunsch von Pauly wurde diese Leiche seziert, weil Pauly einmal sehen

wollte, wie der Vorgang im weiblichen Körper vor sich geht. Dr. Adolf gab hierzu Erklärungen.«
Staatsanwalt: »Sie sagten, es war im Jahre 1944. Wo waren Sie während dieser Zeit?«
Müller: »Ich mußte die Leiche abnehmen.«
Staatsanwalt: »Woher wissen Sie von der Sektion?«
Müller: »Ich kam am anderen Morgen ins Revierbad, und dort sah ich, wie ein Kalfaktor die Leiche von oben bis unten wieder zunähte. In jedem Sarg lagen zwei Frauen. Die beiden Häftlingspfleger erzählten, daß Pauly gesagt hat, er möchte einmal wissen, wie die Schwangerschaft bei einer Frau aussieht. Der Arzt Dr. Adolf hat ihm alles erklärt.«[21]
Der KZ-Kommandant Pauly hat vor Gericht abgestritten, bei der Leichenöffnung dabeigewesen zu sein. Er habe den Lagerarzt Dr. Adolf wegen dieser Sektion einer Schwangeren gerügt.

An welchem Tag Heißmeyer die Kinder zum erstenmal mit Tuberkelbazillen geimpft hat, läßt sich nicht mehr feststellen. Man weiß auch nicht genau, bei wieviel Kindern er die besonders schmerzhafte Impfung mit der Lungensonde durchgeführt hat, wohl nicht bei allen.

Später, als ein Teil der Röntgenaufnahmen gefunden wurde, stellte der Röntgenologe Prof. Schubert von der Charité in Berlin fest: Bei Jacqueline Morgenstern, der Polin Lelka Birnbaum und dem siebenjährigen Italiener Sergio de Simone waren »infiltrative Veränderungen« in den Lungenlappen nachweisbar – typisch für Heißmeyers »Impfungen«.

Alle Kinder erhielten Hauteinschnitte, in die Tuberkelkulturen eingerieben wurden, und bei allen begann nach zwei bis drei Tagen das Fieber.

Georges-André Kohn war besonders geschwächt, und von dieser Zeit an konnte er nicht wieder aufstehen, obwohl sich alle sehr um ihn kümmerten. Es ergab sich schon durch die Muttersprache, daß die beiden französischen Professoren besonders oft an den Betten der zwei französischen Kinder saßen. Jacqueline und Georges erzählten ihre traurige Geschichte vom Weg ins Lager, und die beiden Älteren erzählten die ihre.

Professor René Quenouille war damals sechzig Jahre alt. Bis zum 3. März 1943 hatte er eine Praxis als Röntgenologe in Villeneuve-Saint-Georges bei Paris gehabt. An diesem Tage verhafteten ihn französische Polizisten, weil er versucht hatte, englische Fallschirmjäger zu verstecken. Auch seine Frau Yvonne wurde mitgenommen, aber nach dreieinhalb Monaten wieder freigelassen. Ihren Mann verurteilten die Deutschen zum Tode, doch kurz vor der Hinrichtung wurde er begnadigt und Ende September 1943 in das österreichische Konzentrationslager Mauthausen deportiert, von dort später nach Neuengamme.

Sein 58jähriger Kollege Gabriel Florence war von der deutschen Gestapo als Widerstandskämpfer in Lyon verhaftet worden. Dort hatte er bis zum 4. März 1944 einen Lehrstuhl für Biologie. Wegen seiner großen wissenschaftlichen Leistungen hatte man ihn in das französische Nobel-Komitee gewählt. Die Nazis folterten ihn im Gestapo-Gefängnis Montluc bei Lyon und brachten ihn später nach Neuengamme.

Zwischen den beiden Professoren und den Kindern entwikkelte sich eine herzliche Freundschaft. Die Ärzte mußten die Krankenblätter der Kinder führen, und handschriftlich haben sie auf den Fieberkurven unzählige Eintragungen gemacht. Zwanzig Jahre später hat Otto Prokop diese Fieberkurven zu Gedenkblättern gemacht: »Mit gewisser Erschütterung muß man bemerken, daß die von den Häftlingsärzten beigebrachten Blutbilder, die auf den Fieberkurven vermerkt wurden, neben allen anderen Daten geradezu kalligraphisch verzeichnet sind. Wir haben sie archiviert – wohl mehr als ein Zeichen stillen Gedenkens für die Opfer, die

Häftlinge, die getötet wurden, und die Betreuerärzte und Pfleger, die ums Leben gekommen sind.«[22]

Die Kinder und die Meerschweinchen

Die Pfleger wurden zu Ersatzvätern für die Kinder. Sie kamen aus Holland. Liebevoll sprechen noch heute die wenigen Überlebenden des Lagers Neuengamme von Anton Hölzel und Dirk Deutekom.[23]

Sie hatten nicht nur die Kinder zu pflegen, sie mußten auch die Meerschweinchen betreuen, deren Käfige in der Baracke 4a standen. Wenn Heißmeyer kam, machte er nicht nur an den Kindern Versuche, sondern mit den gleichen Infiltraten auch an den Meerschweinchen. Wissenschaftlich genauso nutzlos wie die Menschenversuche. Er hat später vor Gericht erklärt, damals habe es für ihn zwischen den Versuchstieren und jüdischen Kindern keinen Unterschied gegeben.

Schon kurz vor Weihnachten 1944 waren alle Kinder schwer krank. Hölzel und Deutekom versuchten, für sie gute Lebensmittel aufzutreiben. Ohnehin bekamen die Kinder auf Wunsch von Heißmeyer und auf Anordnung vom Lagerkommandanten Pauly jeden Tag Wurst und zusätzlich Weißbrot. Außerdem schickte die Lagerküche noch manches Extraessen. Selbst der Küchenchef, SS-Oberscharführer Longin Bladowski, hatte Mitleid mit den Kindern. »Sie haben doch selbst Kinder«, hatte der holländische Häftling Jan van Bork zu ihm gesagt, und Bladowski erlaubte sogar, daß die Häftlingsköche am Heiligabend 1944 aus Zucker Karamelbonbons für die Kinder kochten und braune Kekse buken.

An diesem Tage zeigte sich die Solidarität des ganzen Lagers. Obwohl es streng verboten war, die Heißmeyer-Baracke zu betreten, gingen mehrere Häftlinge zu den Kindern. Sie brachten ihnen Weihnachtsgeschenke. Kleider, die sie in der Häftlingsschneiderei aus Resten zusammengenäht hatten. Holzspielzeug, das der Häftlingstischler Willi Duffe gebastelt hatte. Pferdchen und Autos, einen Bollerwagen, eine Wiege mit einer Puppe drin. Der sechsjährige kurzsichtige Pole Marek James bekam eine Brille geschenkt, doch leider paßten die Gläser nicht. Die hungernden Gefangenen, die so nahe am Tod waren, hatten sich alle noch etwas abgespart. Brot und Margarine und Marmelade. So viel, daß die Kinder es gar nicht essen konnten und Jan van Bork einen Teil wieder mit zurücknehmen mußte.

Mitte Januar 1945 begann für die kranken Kinder eine weitere Tortur. Heißmeyer wollte feststellen, ob sich in den Lymphdrüsen Abwehrstoffe gegen die Tbc-Erreger konzentriert hatten. Er war selbst kein Chirurg und befahl dem tschechischen Häftlingsarzt Dr. Bogumil Doclik, die Kinder zu operieren. Darüber gab später der polnische Sanitätsgehilfe Francziscczek Czekallá aus Gulcz dem britischen Verhöroffizier Anton Walter Freud zu Protokoll:

»Der Erste-Hilfe-Raum im Revier 1 sollte als Operationssaal dienen. Ich bekam Klammern, Pinzetten, Skalpell, einige scharfe Haken und etwas Novocain. Ungefähr um 19 Uhr, als alles fertig war, brachten die Pfleger die Kinder in einen Einzelraum vom Revier 4 zum Revier 1. Ich war in dem Erste-Hilfe-Raum des Reviers 1 und während all der Operationen zugegen. Die Kinder wurden bis zur Hüfte entkleidet und auf den Operationstisch gelegt. Die Haut unter ihrem Arm wurde mit Jod eingepinselt, und sie bekamen zur örtlichen Betäubung eine Spritze mit zehn Kubikzentimetern zweiprozentiger Novocainlösung.

Dr. Bogumil Doclik, der operierende Arzt, fühlte dann die Drüsen unter dem Arm, machte einen 5 cm langen Einschnitt und nahm die Drüsen heraus. Dann stopfte er die Wunde mit Tupfern aus; jede Operation nahm etwa eine Viertelstunde in Anspruch. Neun Kinder wurden an diesem Abend so behandelt. Die französischen Häftlingsärzte legten die Drüsen in Flaschen mit Formalinspiritus und etikettierten sie mit dem Namen des Kindes und der Nummer. Nach der Operation wurden die Kinder zum Revier 4 zurückgebracht.

Nach einer Woche wurden die Kinder wieder nach Revier 1 gebracht, und ich entfernte die Tampons. Bei allen Kindern wurden beide Drüsen unter dem Arm entfernt in Operationen, welche mit 14tägigen Zwischenräumen stattfanden. Während der Operationen an diesen Kindern konnte ich beobachten, daß viele von ihnen Kreuzschnitte von drei bis vier Zentimetern hatten. Was dies bedeutete, wußte ich nicht.

Der Pfleger der Kinder sagte mir, daß die Flaschen mit den Drüsen der Kinder an Dr. Heißmeyer ausgehändigt worden waren. Er sagte mir weiter, daß wegen der schlechten Bahnverbindungen Dr. Heißmeyer wartete, bis alle Operationen durchgeführt worden waren, so daß er alle Flaschen nach Berlin nehmen konnte.«[24]

Es war nicht Berlin, wie Heißmeyer den Häftlingsärzten – wohl zur Geheimhaltung – sagte, sondern das SS-Sanatorium Hohenlychen. Dort kamen die Drüsen in das Labor und wurden von Heißmeyers Kollegen Dr. Hans Klein histologisch untersucht.[25]

Inzwischen waren alle Kinder bettlägerig und apathisch geworden. Nie durften sie hinaus. Immer mußten sie in den kleinen Räumen der Baracke mit den geweißten Scheiben bleiben. Am schwächsten war Georges Kohn. Die Pfleger mußten ihn zu den Röntgenaufnahmen in der Baracke 1 tragen. Selten hörte man ein Lachen aus der Heißmeyer-Baracke. In Birkenau hatten sie noch herumgetobt. Hier lagen sie nun tagsüber und nachts auf ihren Betten, auch wenn Fliegeralarm war und die Bomben auf Hamburg und auf das nahe Bergedorf fielen.

General Pohl entscheidet: Die Kinder müssen weg

Immer näher kamen die Engländer an Hamburg heran. Immer näher kam das Ende der Faschisten. Heißmeyer verhandelte mit dem SS-General Oswald Pohl, was mit den Kindern geschehen sollte. Pohl fuhr selbst nach Neuengamme, um sie sich anzusehen.

Der SS-Standortarzt Dr. Alfred Trzebinski hat darüber vor dem britischen Militärgericht ausgesagt: »Im März 1945 war Pohl im Lager Neuengamme mit dem Kommandanten von Auschwitz (Rudolf Höss). Der eigentliche Zweck des Besuches von Pohl war, festzustellen, wieviel Kranke nicht arbeitsfähig waren. Da fragte Pauly, was mit den Kindern geschehen sollte. Pohl sagte, das kann ich von mir aus nicht entscheiden. Das muß vom Reichsführer entschieden werden. Warten Sie weitere Befehle ab.«[26]

Dann kam der 20. April 1945. Heißmeyer hatte sich schon sechs Wochen nicht mehr sehen lassen. Die englischen Truppen standen nur noch wenige Kilometer vor Hamburg. Es war der Tag, an dem die SS in Neuengamme den letzten Geburtstag ihres Führers Adolf Hitler feierte. Da kam der Schutzhaftlagerführer, der SS-Obersturmführer Anton Thumann, zu Trzebinski ins Krankenrevier. Er sagte: »Halte dich fest, ich soll dir etwas nicht gerade Schönes sagen. Es liegt ein Exekutionsbefehl aus Berlin vor. Du sollst die Kinder durch Gas oder Gift umbringen.«[27]

An diesem Tag, als die Ermordung der Kinder beschlossen wurde, feierte 350 Kilometer weiter östlich im Bunker der Berliner Reichskanzlei der Führer Adolf Hitler seinen 56. Geburtstag. Josef Goebbels war da, der elf Tage später seine sechs schlafenden Kinder ermordete und sich dann von einem SS-Posten erschießen ließ. Der trotz der Hungersnot immer noch dicke Reichsmarschall Hermann Göring, der sich noch in dieser Nacht mit dem Auto nach Süddeutschland absetzte. Der Außenminister Ribbentrop, Kanzleivorsteher Bormann, der Architekt Speer und vor allem die drei Wehrmachtchefs Keitel, Jodl und Dönitz, die in den nächsten achtzehn Tagen noch viele tausend Soldaten in den Tod trieben, obwohl sie wußten, daß dieser Krieg schon lange verloren war.

Hitler sprach vom schönen Frühjahr in den Bergen auf seinem Privatbesitz, dem Obersalzberg. Er überlegte, ob er dorthin fliegen sollte. Die meisten redeten ihm zu. Er schwankte. So übel sei die Lage des Reichs gar nicht,[28] sagte er, während er Saft trank und die anderen Herren sich von Dienern Champagner servieren ließen, den Heinrich Himmler besorgt hatte. Die Rote Armee hatte Fürstenwalde, Strausberg und Bernau erobert. Im Westen standen die Engländer an der Elbe.[29]

Falls es durch den russischen Vormarsch zu einer Teilung Deutschlands komme, dann solle der Großadmiral Karl Dönitz im nördlichen Kessel die Führung übernehmen, ordnete Hitler an. Der Reichsführer SS Heinrich Himmler solle bei Dönitz bleiben, wohl um ihn in dieser Zeit des Verrats zu überwachen oder aber von Dönitz überwacht zu werden.

Heinrich Himmler war der letzte, der ging. Er hatte am Morgen dieses Tages die Bildung »Fliegender Feld- und Standgerichte« aus jungen, fanatischen SS-Leuten befohlen, die schon am Abend dieses Tages überall in Berlin Soldaten und selbst Schuljungen an Laternenpfählen aufhängten.[30]

Von Berlin aus fuhr Himmler zu dem größten Verrat, den sich ein Nazi vorstellen konnte: zu einem Geheimtreffen mit dem Beauftragten des Jüdischen Weltkongresses, Norbert Masur. Das hatte Himmlers finnischer Leibarzt Felix Kersten arrangiert. Ein merkwürdiger und zwiespältiger Mann, der jahrelang Himmler mit seiner »manuellen Therapie« behandelt hatte, einer Kombination von Massage, Sauna und naturgemäßer Ernährung. Bei aller Faszination durch Himmlers Ideen von einem reinrassigen nordischen Männerbund war Felix Kersten zu einem Kritiker der menschenvernichtenden KZ-Politik geworden. Er hatte erstaunlicherweise dennoch Himmlers Vertrauen behalten und die Fäden zwischen ihm und dem schwedischen Grafen Folke Bernadotte geknüpft. Der konnte schließlich die Freilassung und den Rücktransport der skandinavischen Häftlinge erreichen. Nun, kurz vor der drohenden Sprengung aller deutschen Konzentrationslager, die Hitler befohlen hatte, brachte Kersten einen direkten Delegierten der höchsten jüdischen Vertretung zu Himmler.

Kersten berichtet darüber: »Masur und ich waren die einzigen Passagiere der fahrplanmäßigen Flugmaschine zwischen Stockholm und Berlin, die mit den Paketen des schwedischen Roten Kreuzes an das Rote Kreuz in Berlin vollbepackt war. Der Flug dauerte vier Stunden, wir sahen weder alliierte noch deutsche Flugzeuge am Himmel. Als das Flugzeug auf dem Tempelhofer Feld ankam, wurden wir von einer Polizeiwache, bestehend aus fünf bis sechs Mann, in strammer Haltung mit ›Heil Hitler!‹ begrüßt. Masur zog den Hut und sagte freundlich ›Guten Tag‹. Am Flugplatz erhielt ich den Freigeleitbrief des Reichsführers SS für Masur, unterschrieben von dem SS-Brigadeführer Schellenberg.«[31]

Von Tempelhof aus fuhren Kersten und Masur zum Gut Hartzwalde, nicht weit von Hohenlychen. Dort hatte Himmler sich inzwischen einquartiert. Kersten hatte Hartzwalde als Privatbesitz von Himmler erhalten.

Kersten schreibt: »Himmler begrüßte Masur freundlich mit ›Guten Tag‹ und erklärte, er sei befriedigt davon, daß Masur gekommen sei. Dann setzten wir uns zu Tisch… Darauf ging Himmler zur Verteidigung der Konzentrationslager über. Man hätte sie Erziehungslager nennen müssen, denn außer Juden und politischen Häftlingen waren auch kriminelle Elemente dort untergebracht. Infolge dieser Einrichtung hat Deutschland 1941 die niedrigste Kriminalität seit Jahrzehnten aufweisen können. Die Gefangenen mußten hart arbeiten, aber das mußte ja das ganze deutsche Volk. Die Behandlung war immer gerecht.«[32]

Masur, dem die Existenz der Vernichtungslager Auschwitz, Treblinka und Majdanek sehr gut bekannt war, blieb ruhig. So gelang es ihm schließlich, von Himmler die Zusage zur Freilassung von 1000 jüdischen Frauen aus dem KZ Ravensbrück zu erreichen, die mit schwedischen Rotkreuz-Bussen abgeholt werden sollten. Es wurde sogar eine Namensliste festgelegt. Außerdem versprach Himmler, was er vorher auch schon Kersten zugesagt hatte, keine Konzentrationslager mehr räumen zu lassen, sondern sie den vorrückenden alliierten Truppen zu übergeben. Die Tötung von Juden sollte beendet sein. Im Morgengrauen trennten sie sich. Himmler fuhr nach Hohenlychen zurück. Masur und Kersten brachen wieder nach Tempelhof auf und flogen ebenso geheimnisvoll zurück, wie sie gekommen waren.

Die weißen Busse kommen

Am selben Tage, an dem abends die Kinder getötet werden sollten, nahmen die skandinavischen Häftlinge nachmittags Abschied vom Konzentrationslager Neuengamme. Sie sollten keine Zeugen des Kindermordes sein.

Die Verhandlungen zwischen Himmler und Graf Folke Bernadotte waren erfolgreich gewesen. Das schwedische Rote Kreuz hatte ein Kommando von Ärzten und Krankenpflegern mit Bussen, Lastwagen und Sanitätsautos nach Deutschland geschickt. Zuerst durften nur kranke skandinavische Häftlinge nach Schweden gebracht werden.

Der schwedische Professor Gerhard Rundberg leitete die Aktion. Er hatte sein Hauptquartier auf dem Privatbesitz des Fürsten Bismarck in Friedrichsruh im Sachsenwald, nicht weit von Neuengamme. Rundberg und einige andere schwedische Ärzte durften die Krankenbaracken von Neuengamme mit den skandinavischen Häftlingen besichtigen. Rundberg berichtet:

»Ich suchte den Chefarzt des Lagers, Dr. med. Trzebinski, auf, einen schwammigen Typ, der einen unangenehmen Eindruck auf die meisten von uns machte. Wir gingen sofort zu der skandinavischen Krankenbaracke. In Uniform, mit Stiefeln und mit Mütze auf dem Kopf, begann Dr. Trzebinski die unerfreulichste Krankenvisite, die ich jemals mitgemacht habe. Mit nonchalanter Stimme akzeptierte oder verwarf er unsere Fälle. Lateinische Diagnoseausdrücke wollte er nicht anerkennen. Die Diagnose sollte in deutscher Sprache geschrieben werden. ›Pleuritis exsudativa‹ (Wasser in den Lungenflügeln) wurde zu ›Feuchter Rippenfellentzündung‹ und so weiter. Er bekundete seine Verachtung für Blutsenkungsreaktionen und Laborarbeiten. Man solle die Patienten ansehen, was ihnen fehle, und dann solle man die Fälle durch die Betrachtung seiner Beine beurteilen. Jeder Patient mußte die Unterhosen ausziehen und die Beine vorzeigen. Waren die Beine aufgeschwemmt von Wasser oder auf das äußerste abgemagert, wurde der Fall akzeptiert für den Abtransport mit der Hinzufügung: ›Schlechter Allgemeinzustand‹. Mit Hilfe seiner ›Beindiagnostik‹ faßte dieser Parteiäskulap seine Beschlüsse. Als er mit seinen Erklärungen kam, fragte ich mich mittlerweile, ob er wirklich Arzt sei.«[33]

Am 31. März 1945 besuchte Folke Bernadotte das Lager Neuengamme. Er wurde vom Lagerkommandanten Pauly empfangen. Bernadotte forderte ihn zu einem Rundgang durchs Lager auf. Ein Häftling, der Norweger Odd Nansen, Sohn des Polarforschers Fridtjof Nansen, beschrieb dies: »Für die Deutschen mußte der Weg durchs Lager ein wahrer Canossa-Gang gewesen sein. Sie sagten nichts, konnten aber nicht verhindern, daß die Schweden sich mit uns und mit anderen in den verschiedenen Blocks lebhaft unterhielten … Sie hatten aufmunternde Worte für alle – Worte, die von Tausenden hungriger Seelen verschlungen und im Herzen bewahrt wurden … Zu sehen, wie diese SS-Leute – die damals die obersten Tyrannen unserer Welt waren – wie Luft behandelt wurden, wie sie vollkommen überflüssig und jämmerlich wurden, das war unbeschreiblich wundervoll für uns.«[34]

Von diesem Tag an wurde Neuengamme zum zentralen Sammellager aller skandinavischen KZ-Häftlinge aus deutschen Lagern. Die weißen Busse mit dem roten Kreuz und der schwedischen Fahne fuhren nach Buchenwald, Sachsenhausen, Dachau, Ravensbrück, Neubrandenburg, Zwickau und selbst nach Theresienstadt. Überall holten sie die halbverhungerten Skandinavier aus den Lagern heraus. »Es war für die gepeinigten Gefangenen, als kämen sie von der Hölle in den Himmel«, schrieb der dänische Historiker Jørgen H. Barfod.[35]

HABEN DIE KINDER GEWEINT?

Die Schweden transportieren KZ-Gefangene

Nur, für die Häftlinge, die in der Hölle zurückblieben, war es um so schlimmer. Die Deutschen pervertierten sogar die schwedische Humanitätsaktion: Um in Neuengamme Platz für die Skandinavier zu schaffen, forderte Kommandant Pauly die Schweden auf, andere Häftlinge von Neuengamme wegzubringen. Der militärische Leiter der schwedischen Aktion, Oberst Björk, fügte sich. Am 27. und 28. März brachten die weißen Busse unter dem Zeichen des Roten Kreuzes zweitausend Franzosen, Russen, Polen von Neuengamme in andere Konzentrationslager, auch in das Todeslager Bergen-Belsen. Im Austausch für 72 dänische KZ-Gefangene des Außenkommandos Hannover-Stöcken.

Im »Rapport fra Neuengamme«, dem Bericht von Professor Gerhard Rundberg für das schwedische Rote Kreuz, heißt es darüber:

»Zu diesem Zeitpunkt stellten die deutschen Behörden weitere Forderungen an das Schwedische Rote Kreuz. Weil die Überfüllung des Lagers Neuengamme sehr groß war, forderte man als Gegenleistung für die Einrichtung eines Reservats für alle Norweger und Dänen, daß die Transportorganisation des Schwedischen Roten Kreuzes 2000 Internierte anderer Nationalitäten von Neuengamme in Konzentrationslager in Hannover und Braunschweig überführen solle. Es solle dann auch die Möglichkeit für eine bessere Beköstigung der Norweger und Dänen geschaffen werden.

Die Transporte wurden am 27. und 28. März durchgeführt. Nach Aussagen der an diesen Transporten teilnehmenden Schweden befanden sich die Gefangenen – Franzosen, Russen und Polen (wie auch Amerikaner?) – in einem sehr schlechten Zustand. Die

SS sorgte dafür, daß die Busse überfüllt wurden. Trotz Protestes der schwedischen Chauffeure sollen diese hilflosen Menschenwracks mit Fußtritten und Kolbenschlägen behandelt worden sein. Bei der Ankunft am Bestimmungsort waren nach der gleichen Quelle mehrere Gefangene tot. Das war ein trauriges Unternehmen.«[36]

Ein zweites trauriges Unternehmen geschah am 8. April 1945. Der dänische Arzt Carl Krebs sollte zusammen mit dem schwedischen Fahrer Leutnant Hallström zehn Norweger und einen Dänen aus Bergen-Belsen abholen, wo inzwischen schon Tausende verhungerten. Die SS in Neuengamme verlangte von ihnen, sie sollten ein Dutzend »deutsche Kriminelle« mitnehmen. Unterwegs bei einem Halt durften sie den Häftlingen Lebensmittel geben. »Es traf mich wie ein Schlag, als einige von ihnen flüsterten ›merci‹ und andere ›spassibo‹; das bedeutete, daß einige dieser ›deutschen Häftlinge‹ Franzosen waren und andere Russen«, schrieb Carl Krebs.[37]

In Neuengamme war, durch Stacheldraht vom übrigen Lager getrennt, inzwischen ein neuer Bezirk entstanden: das Skandinavierlager. Dort gab es Sauberkeit, Betten mit neuen Matratzen, sogar eine schwedische Wasserreinigungsanlage, gute Wäsche und vor allem reichliches Essen – während auf der anderen Seite des Stacheldrahts gehungert wurde. Von diesem Hunger gibt Professor Rundberg in seinem »Rapport fra Neuengamme« einen Eindruck: »Als das skandinavische Lager zum größten Teil geräumt war, ging ich in eine leere Baracke und sammelte in eine Kiste verschiedene zurückgelassene Lebensmittel wie kleine Stücke Käse, Butter, Zucker, Brot, Wurstenden, Honig und was ich sonst hineinbekommen konnte. Mit dieser Kiste im Arm ging ich an den dichten und doppelten, etwa zwei Meter hohen Stacheldraht, der die Grenze zwischen der skandinavischen Abteilung und dem übrigen Teil des Lagers bildete. Sofort kamen Russen und Polen aus den nächstliegenden Baracken zusammengeströmt. Ich begann, die mitgebrachten Lebensmittel durch den Stacheldraht auszuteilen. Gierig, ohne Rücksicht auf die blutigen Risse durch den Stacheldraht, wurden mir die mageren und schmutzigen Hände und Arme durch den Draht entgegengestreckt. Wie eine Lawine wuchs die Zahl der Gefangenen. Dann entstand eine Schlägerei, weil die Hintenstehenden diejenigen auszuplündern versuchten, die einen Bissen erwischt hatten. Sie schlugen, kratzten, bissen und aßen zur selben Zeit. Dann kam ein deutscher Lagerältester. Vergebens versuchte er, mit einem Knüppel die hungrige Horde zurückzutreiben. Er mußte vor der Übermacht weichen. Fünfmal sammelte ich neue Vorräte in meine Kiste und teilte sie aus, aber ich mußte aufhören, weil sie sich sonst die Schädel eingeschlagen hätten. Blut strömte aus Nasen, Mündern, zerkratzten Händen und eingerissenen Ohren.«[38]

Am 19. April wurden plötzlich auf Befehl des KZ-Kommandanten Pauly alle Skandinavier-Transporte gestoppt. Mittags kam der Bescheid, das Lager Neuengamme werde evakuiert. Jeder wußte, was das hieß: Todesmärsche wie die von Auschwitz. Dann kam ein neuer Befehl: Alle Skandinavier sollten ausnahmslos mit den Rotkreuz-Bussen nach Dänemark gebracht werden.

Das schwedische Kommando in Friedrichsruh hatte für die 4224 skandinavischen Gefangenen viel zu wenig Fahrzeuge. Das dänische Rote Kreuz wurde um Hilfe gebeten. Dort hatte man in aller Heimlichkeit einen Plan für die Tage nach der Befreiung ausgearbeitet und alle Motorfahrzeuge registriert. Das »Jyllandskorps«, die Hilfsorganisation des Roten Kreuzes, wurde alarmiert. In wenigen Stunden standen in Padborg, nördlich der deutschen Grenze, 94 Busse, acht Ambulanzwagen, zehn Lastwagen, fünf Personenwagen und fünf Motorräder bereit. Alle Fahrzeuge wurden eilig weiß angestrichen, mit dem Roten Kreuz und dem »Danebrog« bemalt, der dänischen Nationalflagge. Am frühen Morgen des 20. April wurden sechs Kolonnen formiert, die nach

Neuengamme fuhren. Über das schwedische Rote Kreuz waren die Alliierten von diesem Transport informiert worden, um ihn gegen Luftangriffe zu schützen.

»Die Front war nun so nah, daß man nicht nur den Kanonendonner hören, sondern auch die Einschläge in Hamburg sehen konnte«, schreibt Jørgen H. Barfod. »Als die weißen Busse im Lager ankamen, füllten sie sich sofort mit Gefangenen und verschwanden wieder. Die englischen Flugzeuge kamen zu regelmäßigen Besuchen über das Lager, und als die weißen Busse auf dem Appellplatz hielten, kamen sie tief herunter und wippten mit den Tragflächen.«[39]

Um 20 Uhr verließen die letzten fünf Busse das Lager Neuengamme. Der dänische Arzt Dr. Roesdahl berichtet: »Einer meiner letzten Eindrücke war, daß einige Gefangene einen der üblichen großen Karren zogen, auf dem sechs bis zehn bleiche, fürchterlich abgezehrte, steife, nackte Gestalten mit offenem Mund lagen, nur teilweise bedeckt mit einigen Decken. Ich nahm an, daß sie alle tot waren, aber plötzlich hob einer von ihnen den Kopf und blickte einen Augenblick stumpf auf die vielen Fahrzeuge, ehe er wieder zurückfiel. Die Fuhre ging ohne Zweifel zum Leichenhaus oder zum Krematorium, und es ist unwahrscheinlich, daß die Bewegung dieses Mannes daran etwas änderte.«[40]

Die Kinder werden abgeholt

Alle im Lager Neuengamme hatten von dem Abmarsch der Dänen erfahren. Alle wußten, daß nun der Tag der Befreiung ganz nah war.

Aber zwei Stunden nachdem der letzte dänische Bus aus Neuengamme abgefahren war, kam ein dunkelgrauer, großer Lastwagen durch das Tor des Konzentrationslagers Neuengamme.

Es war der Postwagen. Ein geschlossener Kastenwagen mit einer vergitterten Tür hinten. Am Steuer saß der SS-Unterscharführer Hans Friedrich Petersen. Der Wagen fuhr die Lagerstraße entlang und hielt vor der Baracke 4a. Dort wartete er. Es war 22 Uhr. Eine halbe Stunde vorher war der Rapportführer Wilhelm Dreimann zu den beiden holländischen Pflegern Dirk Deutekom und Anton Hölzel gekommen. Er hatte ihnen den Befehl gegeben, die Kinder zu wecken und anzuziehen. Die beiden französischen Professoren Florence und Quenouille sollten ihnen helfen, ihre Sachen zu packen, alles mitzunehmen: »Sie werden verlegt nach Theresienstadt.« Die Erwachsenen haben wohl gewußt, was das bedeuten sollte. Denn als Gabriel Florence den Häftlingspfleger Paul Weißmann traf, der das Lager überlebte und später als Legationsrat an der DDR-Botschaft in Havanna arbeitete, wehrte er dessen tröstende Worte ab: »Ich glaube an kein Wiedersehen.«

Die Kinder waren ganz verschlafen, als Deutekom und Hölzel sie wachrüttelten. Doch als sie hörten, daß sie zu ihren Eltern zurückgebracht werden sollten, wurden sie schnell wach und freuten sich auf die Reise. Die größeren zogen sich selbst an. Georges Kohn war so schwach, daß die beiden Franzosen ihn anziehen und in den Wagen hinaustragen mußten.

Man sah ihm an, daß er nicht mehr lange leben werde. Alle nahmen ihre Sachen mit. Die Kleineren hielten Spielzeug im Arm. So stiegen sie auf den Wagen. Dort saßen schon sechs Häftlinge. Es waren russische Kriegsgefangene. Auch sie sollten in dieser Nacht ermordet werden. Ihre Namen kennt niemand.

Der Standortarzt Dr. Alfred Trzebinski hat später vor dem britischen Militärgericht eine genaue Schilderung dieser Fahrt gegeben: »Es kam abends ein Anruf vom SS-Revier. Ich weiß nicht, wer angerufen hat, denn es wurde vom Telefondienst angenommen. Der Telefondienst-Wachhabende hat nur gemeldet: Ich solle zum Lager kommen, der Wagen stehe bereit. Ich begab mich also zum Lager, und da stand der Wagen am Lagereingang. Der Motor war schon angelassen. Ich sah in den Wagen hinein, und da saßen die 20 Kinder und vier Pfleger und noch sechs andere Männer. In den Wagen stiegen ein, und zwar hinten: Dreimann, Wiehagen und Speck, und ich stieg vorn ein.[41]

Der Fahrer hatte schon einen festen Marschbefehl. Er fuhr zur Spaldingstraße. Wir kamen dort nach einer Stunde an. Dreimann, Wiehagen und ich stiegen aus, Speck blieb in dem Wagen. Oben schien Strippel uns schon zu erwarten.«[42]

Der SS-Obersturmführer Arnold Strippel, damals gerade dreißig Jahre alt geworden, kommandierte die Außenlager des Stammlagers Neuengamme im Hamburger Raum. Strippel war Ende 1944 hierher versetzt worden, nach einer kurzen und blutigen Zwischenstation im KZ Drütte. Vorher war er der Schutzhaftlagerführer im holländischen KZ Vught gewesen, und zwar zur selben Zeit, als die Brüder Alexander und Eduard Hornemann dort eingesperrt waren. Doch wie sollte ein SS-Obersturmführer zwei Judenjungen wiedererkennen können? Strippel war nach dem Lagerkommandanten Pauly der mächtigste Mann, und er gebrauchte seine Macht brutal. Er hatte seine Kommandostelle in der Hamburger Spaldingstraße 156–162. In diesem kleinen Konzentrationslager waren 1000 männliche Häftlinge untergebracht, vor allem Russen und Polen, die zum Bombenräumen in der fast völlig zerstörten Stadt Hamburg eingesetzt wurden.

Trzebinski: »Dann bat ich Strippel, in ein Extrazimmer zu kommen. Ich sagte, die in Berlin sind total verrückt geworden. Jetzt ist ein Befehl gekommen, die Abteilung Heißmeyer soll verschwinden, und Pauly hat mir die schöne Aufgabe zugedacht, die Kinder durch Gift umzubringen. Ich sagte, das brächte ich nicht fertig, und ich hätte auch kein Gift mit. Da meinte Strippel, wenn Pauly dir das befohlen hat, dann mußt du es ja auch tun. Ich sagte: ›Ich will dir mal was sagen, ich habe absichtlich kein Gift mitgebracht.‹ Da wurde Strippel ärgerlich und sagte, du meinst wohl, ich lasse mich von Pauly an die Wand stellen, wenn hier Sachen passieren, die ihm nicht passen! Ich sagte, es sei doch Wahnsinn, die Kinder umzubringen. Da meinte Strippel, die in Berlin werden es schon wissen und ihre Gründe dafür haben. Wenn ein Befehl da ist, müssen wir ihn ausführen. Die Diskussion ging weiter. Es handelte sich um das Gift, das nicht da war. Zum Schluß sagte er: ›Wenn du zu feige bist, muß ich eben die Sache in die Hand nehmen.‹. Dann fuhr er zum Bullenhuser Damm voraus. Wir fuhren hinterher und kamen vielleicht zehn Minuten später dort an.«

Am Bullenhuser Damm in Rothenburgsort stand und steht heute noch eine große Schule. Der früher so belebte Stadtteil war ausgebombt, hier wohnte niemand mehr. Auch die Schule hatte im Juli 1943 ihre Bomben abbekommen. Sie war zum größten Teil ausgebrannt, einen Dachstuhl gab es nicht mehr. Da hatte die Hamburger SS das Schulgebäude übernommen, und das neue Leben, das nun in die Ruinen einzog, war der Tod: Im Herbst 1944 kamen die ersten fünfzig KZ-Häftlinge hierher und mußten um sich einen fast drei Meter hohen Stacheldrahtzaun ziehen. Dann richteten sie das leere Gebäude wieder ein. Im Laufe der Zeit wurden es immer mehr Häftlinge. In dieser Schule waren seit Februar 1945 skandinavische Häftlinge gesammelt worden, um die sich das schwedische Rote Kreuz kümmerte. Sie bekamen Lebensmittelpakete und hatten jeder ein eigenes Bett mit zwei Wolldecken. »Bullenhuser Damm, in dem ungefähr 600 Gefangene hausten, war auf viele Arten besser als Neuengamme«, berichtete der dänische Häftlingsarzt Gregers Jensen. »Das Revier im zweiten Stock durften wir selbst verwalten, weil der Lagerkommandant eine panische Angst vor Ansteckung hatte und die Treppe hinab flüchtete, sobald man etwas von Typhusverdacht murmelte.«

Das Lager wurde in dieser Zeit von dem SS-Unterscharführer Ewald Jauch geleitet. »Er ging immer mit einem Stock herum, den er zum Knüppeln brauchte und der deshalb fast täglich erneuert werden mußte«, schreibt Jørgen Barfod.[43]

Stellvertreter war der SS-Rottenführer Johann Frahm, ein ungewöhnlich primitiver Kerl, der seine Opfer mit allem schlug, was er gerade in der Hand hatte.

»Die Kinder waren vollkommen ahnungslos«

Am 11. April 1945 waren die Häftlinge vom Bullenhuser Damm ins Stammlager Neuengamme gebracht worden. Die Schule stand nun leer. Ringsumher nur Ruinenfelder. Ein idealer Ort für ein Verbrechen. Trzebinski: »Als wir ankamen und aus dem Wagen stiegen, kamen Strippel, Jauch und Frahm gerade aus der Tür. Strippel ging gleich zu seinem Wagen, der fahrbereit dastand, und sagte im Vorbeigehen: Die Sache geht in Ordnung. Ich habe es so aufgefaßt, daß er was arrangiert hatte, um den Befehl aus Berlin durchzuführen. Jetzt stiegen die Insassen des Wagens aus, die Russen und Pfleger und die Kinder zuerst. Die Russen wurden in den Raum, wo die Heizungsanlagen waren, geführt. Jetzt wurden die Pfleger und die Kinder reingelassen. Die Pfleger kamen in einen Raum gegenüber vom Eingang der Kinder. Die Kinder wurden in einen Luftschutzraum geführt. Ich vergaß zu erwähnen, daß ich, bevor die Kinder und die Pfleger hineingeführt wurden, Gelegenheit hatte, mit Jauch zu reden. Und zwar fragte ich: Haben Sie irgendwelche Informationen bekommen? Er sagte: Ja, ich weiß Bescheid. Ich blieb bei den Kindern, denn sie waren ja nun von den Pflegern getrennt. Ich blieb also bei den Kindern, die sich ängstigten. Die Kinder hatten ihr ganzes Gepäck mit, darunter Lebensmittel, selbstgebasteltes Spielzeug und so weiter. Sie ließen sich auf den Bänken ringsum nieder und waren guter Dinge und freuten sich, daß sie einmal herausgekommen waren. Die Kinder waren vollkommen ahnungslos. Sie waren im Alter von fünf bis zwölf Jahren, und zwar die Hälfte Jungen, die andere Hälfte Mädchen. Die Kinder sprachen alle ein gebrochenes Deutsch mit polnischem Akzent.«

So warteten sie lange. Während dieser Zeit hängten Jauch, Dreimann und Frahm im Nebenraum die Erwachsenen. Die Stricke hatte Dreimann aus Neuengamme mitgebracht. Jauch gestand später vor Gericht: »Einen der französischen Ärzte kannte ich. Er hatte mich in Neuengamme behandelt.[44] Er tat mir leid. Dreimann hatte vier Stricke an einem ungefähr vier Meter hohen Rohr angebracht. Er legte die Schlinge um ihren Hals, während sie am Boden standen. Dreimann zog ihnen die Füße vom Boden weg und hielt sie drei bis vier Minuten fest, bis sie tot waren... Soweit ich sehen konnte, haben diese Leute keinen Widerstand geleistet, und man hat mir auch nicht erzählt, daß sie Widerstand geleistet hätten... Ich hätte den französischen Arzt gern gerettet, ich konnte es aber nicht.«

Und während draußen ein Arzt, der schon so viele Menschen umgebracht hatte, den Mord an zwanzig Kindern vorbereitete, starben in diesem Heizungsraum zwei Ärzte, die ihr Leben lang dem Gebot der Menschlichkeit treu geblieben waren. Mit ihnen wurden Anton Hölzel und Dirk Deutekom unter die Stricke gestellt, die »Väter« der elternlosen Kinder. Dann waren auch sie tot, und nun kamen im anderen Keller der Schule die Kinder an die Reihe.

Trzebinski: »Nach einer Weile kam Frahm rein und sagte, die Kinder sollen sich ausziehen. Ich sah, daß die Kinder etwas stutzten, und deswegen sagte ich, ihr sollt euch ausziehen, weil ihr noch gegen Typhus geimpft werden sollt. Ich nahm jetzt Frahm vor die Tür, damit die Kinder nichts hören konnten, und fragte ihn dort leise, was soll mit den Kindern geschehen? Frahm war auch ganz blaß und sagte, ich soll die Kinder aufhängen. Ich könnte ein

Märchen erzählen und mich als Held hinstellen, ich hätte ihn mit der Pistole bedroht oder sonst etwas, aber die Wahrheit ist anders. Wir diskutierten nicht mehr darüber, denn meiner Meinung nach waren die Kinder nicht mehr zu retten. Wäre ich als Held aufgetreten, wären die Kinder vielleicht etwas später gestorben, aber ihr Schicksal war nicht mehr abzuwenden. Ich wußte nun, welch schreckliches Ende den Kindern bevorstand, und wollte ihnen wenigstens die letzten Stunden erleichtern. Ich hatte Morphium mit, und zwar eine Lösung 0,2 auf 20,0. Um dies richtig dosieren zu können, habe ich diese Flasche noch mit 100 Gramm Destillationswasser verdünnt. Auf diese Weise konnte ich im Hinblick auf das Alter der Kinder besser dosieren. Ich trat vor die Tür des Raumes, wo ein Schemel für die Spritzen stand und daneben ein anderer Schemel. Ich rief einzeln ein Kind nach dem anderen. Sie legten sich über den Schemel, und ich gab ihnen die Spritze ins Gesäß, wo es am schmerzlosesten ist. Jedes einzelne Kind ging wieder in den Raum zurück, wo sie sich ausgezogen hatten, und ein anderes kam rein. Wenn Frahm sagte, die Kinder hätten gelegen, das stimmt nicht. Sie haben erst nachher gelegen, als sie müde wurden. Damit die Kinder glaubten, daß es sich wirklich um eine Impfung handelt, habe ich immer wieder eine neue Nadel genommen. Je nach Alter und Größe gab ich jedem Kind zwei bis sechs Kubikzentimeter. Von den 120 Kubikzentimetern blieben ungefähr 20 Kubikzentimeter übrig. Die Dosierung ging darauf hinaus, die Kinder schlafend zu machen. Die Kinder hatten sich inzwischen wieder angezogen, weil sie die Impfung als beendet ansahen. Nun sagte Frahm zu ihnen, sie müßten sich wieder ausziehen, denn sie sollten noch gebadet werden. Wenn ein Mensch schon viele Exekutionen mitgemacht hat, so sagt er schon automatisch, die Leute sollen sich ausziehen. Und Frahm, der geistig ziemlich minderbemittelt ist, stellte sich vor, daß nur ausgezogene Menschen aufgehängt werden können. Ich hätte es verhindern können, aber in meiner Verwirrung legte ich auf diese Sachen gar keinen weiteren Wert. Die Kinder fingen an müde zu werden, und wir legten sie auf die Erde und deckten sie zu mit ihren Kleidern. Zwischendurch ging Frahm oft weg, und ich hatte den Eindruck, daß er auch an der Exekution der Männer teilnahm.

Ich muß zu den Kindern allgemein sagen, sie waren in einem ganz guten Zustand, bis auf einen zwölfjährigen Jungen, der in einem sehr schlechten Zustand war. Dieser Junge schlief infolgedessen auch sehr schnell ein. Es waren noch sechs bis acht Kinder wach, die anderen schliefen schon. Jetzt kommt es so schrecklich, daß es mir schwerfällt, darüber zu sprechen. Aber ich muß es wohl. Frahm nahm den zwölfjährigen Jungen auf den Arm und sagte zu den anderen: Er wird jetzt ins Bett gebracht. Er ging mit ihm in einen Raum, der vielleicht sechs bis acht Meter von dem Aufenthaltsraum entfernt war, und dort sah ich schon eine Schlinge an einem Haken. In diese Schlinge hängte Frahm den schlafenden Jungen ein und hängte sich mit seinem ganzen Körpergewicht an den Körper des Jungen, damit die Schlinge sich zuzog. Ich habe in meiner KZ-Zeit schon viel menschliches Leid gesehen und war auch gewissermaßen abgestumpft, aber Kinder erhängt habe ich noch nie gesehen. Mir wurde nicht gut, ich ging aus dem Gebäude hinaus und bin ein paarmal um den Straßenkomplex herumgewandert.«

Der erste gehängte Junge war Georges Kohn. Während Trzebinski nach draußen ging, hängte Frahm weiter Kinder auf. Er hat das später in der Vernehmung vor dem Militärgericht zunächst abgestritten, dann aber doch zugegeben.[45]

»Haben die Kinder geweint?«

Verteidiger Dr. Lappenberg: Was geschah, nachdem die Kinder gespritzt worden waren? Sie sagten, sie schliefen ein. Ist das richtig?
Frahm: Jawohl.
Lappenberg: Was geschah dann?
Frahm: Dann wurden sie in einen Raum gelegt.
Lappenberg: Haben Sie diesen Raum gesehen?
Frahm: Sie sind eingeschlafen und nicht wieder aufgewacht.
Lappenberg: Woher wissen Sie, daß sie tot waren?
Frahm: Das konnte man sehen.
Lappenberg: Was für eine Spritze haben sie bekommen?
Frahm: Weiß ich nicht.
Lappenberg: Ich möchte Sie noch einmal ermahnen, die Wahrheit zu sagen. Sind sie an der Spritze gestorben, oder hatte der Tod eine andere Ursache?
Frahm: Sie sind an der Spritze gestorben. Verschiedene wurden noch mit einem Strick aufgehängt.
Lappenberg: Wann geschah das, und wer hat sie aufgehängt?
Frahm: Gleich nachdem. Dr. Trzebinski und auch ich waren dabei.
Lappenberg: Gleich nachdem, was heißt das?
Frahm: Als sie noch geatmet haben, nach einer Viertelstunde. Genau weiß ich das nicht mehr.
Lappenberg: Wer hat den Strick um den Hals der Kinder gelegt?
Frahm: Ich.
Lappenberg: Wer hat Ihnen den Befehl gegeben, in den Keller zu gehen?
Frahm: Jauch. Oberscharführer Jauch.
Vorsitzender: War dieser Jauch der Verantwortliche über diese Arbeitsgruppe, oder war noch ein Offizier über ihm?
Frahm: Für dieses Kommando war er verantwortlich. Es war aber noch ein Offizier über ihm.

Vorsitzender: Wie heißt dieser Offizier?
Frahm: Obersturmführer Strippel.
Vorsitzender: Wie lange hat dieses Hängen der Kinder gedauert?
Frahm: Ungefähr zehn Minuten.
Vorsitzender: Waren nach Ihrer Meinung die Kinder sehr krank, haben sie gelegen, oder waren sie gesund?
Frahm: Sie waren krank, die meisten lagen.
Vorsitzender: Konnten die Kinder gehen?
Frahm: Ja.
Vorsitzender: Wer brachte jedes Kind in den Raum, wo es gespritzt werden sollte?
Frahm: Sie wurden gerufen.
Vorsitzender: Und jedes Kind kam?
Frahm: Ja. Einige wurden auch geholt.
Vorsitzender: Wer hat sie geholt?
Frahm: Ich habe sie auch geholt.
Vorsitzender: Waren die Kinder nackt?
Frahm: Sie wurden ausgezogen.
Vorsitzender: Wo wurden sie ausgezogen?
Frahm: Im Raum, wo sie gewartet haben.
Vorsitzender: Haben die Kinder geweint?
Frahm: Nein.
Vorsitzender: Nur die Kinder, die geatmet haben, wurden gehängt?
Frahm: Ja.
Vorsitzender: Und ungefähr zehn?
Frahm: Ich weiß nicht mehr genau.
Präsident: Und ein Kind nach dem anderen wurde gehängt oder mehrere?
Frahm: Zwei auf einmal.
Vorsitzender: Es wurden also auf einmal zwei über dieses Rohr gezogen?
Frahm: Die Erwachsenen wurden über die Rohre hinaufgezogen. Die Kinder wurden an Haken aufgehängt.

Vorsitzender: Wie viele Kinder wurden an diesen Haken auf einmal gehängt?
Frahm: Eins.
Vorsitzender: Nicht zwei?
Frahm: Es waren zwei Haken da.
Verteidiger Dr. Halben: Sahen Sie während dieser Ereignisse im Keller auch den Obersturmführer Strippel?
Frahm: Ja, der war auch da.
Vorsitzender: Haben Sie gehört, daß die SS nachher Belohnung und Zigaretten und Getränke bekam?
Frahm: Wir haben ein paar Zigaretten gekriegt. Und Schnaps.
Vorsitzender: Wer hat alles Zigaretten und Schnaps bekommen?
Frahm: Oberscharführer Jauch und ich.
Vorsitzender: Hat niemand zu Ihnen gesprochen, nachdem das alles vorbei war?
Frahm: Weiß ich nicht.

Auch Trzebinski sprach nicht, als er von der Straße zurückkam. Die Ermordung der Kinder war noch nicht beendet. Trzebinski: »Es waren schon einige weg. Einige schliefen noch nicht und fragten mich: Werden wir auch bald ins Bett gebracht? Ich ging in den Raum, wo die erste Erhängung stattgefunden hatte, und sah, daß an einem anderen Haken an der Wand ein Mädchen hing. In einem Verschlag neben dem Raum lagen die Leichen von drei Kindern, darunter die Leiche des Jungen, der zuerst gehängt worden war.«

Sechs Kindern, die noch immer wach waren, gab Trzebinski noch eine zweite Morphiumspritze. Dann wartete er, bis alle Kinder schliefen, und ging weg. Zu Fuß zur Spaldingstraße, um dort Krankenakten aufzuarbeiten. Das sei ihm aber nicht recht gelungen, sagte er, denn »meine Gedanken waren ständig am Bullenhuser Damm«.

Dort war inzwischen der Postwagen ein zweites Mal vorgefahren. Er hatte eine neue Ladung Häftlinge gebracht, Russen. Man weiß weder ihre Namen, noch weiß jemand genau, wie viele es waren. »Zirka 25«, hat der SS-Unterscharführer Speck vor dem britischen Militärgericht gesagt. Sie waren aus dem KZ-Lager Spaldingstraße abgeholt worden. Strippels Kommando. In Gruppen zu vieren holten Jauch und Frahm sie aus dem Auto und brachten sie in den Keller der Schule. Dort wurden sie genauso aufgehängt wie die erste Gruppe Russen, die Krankenpfleger und die Professoren. Speck blieb in der Zeit draußen beim Wagen, ebenso der Fahrer Petersen. Als acht Russen ermordet waren und die dritte Vierergruppe vom Wagen geholt werden sollte, sprangen die Gefangenen plötzlich alle vom Wagen, warfen den SS-Leuten Salz ins Gesicht und versuchten zu fliehen.

Speck: »Sie kamen mit einem ›Hurra‹ raus, und ich bekam eine Handvoll Salz ins Gesicht. Ich geriet mit einem Häftling in ein Handgemenge und habe Gebrauch von der Schußwaffe gemacht, wobei ich ihn runterschoß. Ich habe in Notwehr handeln müssen.«

Mindestens drei gefangene Sowjetsoldaten sind bei diesem Fluchtversuch von Speck und anderen SS-Leuten erschossen worden. Einigen ist aber auch die Flucht gelungen, sechs, nimmt man an. Ob sie lebend die Heimat erreicht haben, weiß man nicht.

Inzwischen war es hell geworden. Trzebinski ging wieder in die Schule zurück. Er hatte als Arzt eine Formalität zu erfüllen: den Tod der Häftlinge festzustellen.

Trzebinski: »Ich ging jetzt in das Gebäude hinein, um nach den Kindern zu sehen. In dem Raum, wo die Kinder waren, war niemand mehr. Nur die zurückgebliebenen Gepäckstücke lagen noch da. Ich ging in das Zimmer, wo die Erhängung stattgefunden hatte, und fand den Raum verschlossen. Ich nahm mir dann Frahm vor, der mir den Raum aufschloß. Da lagen die Kinder alle, und jedes Kind hatte das Erhängungsmal am Hals. Ich habe dann jedes Kind untersucht, ob es auch tot war. Dann ging ich in den Raum der erhängten Männer und habe auch diese auf den Tod hin untersucht. Damit war dieses traurige Kapitel abgeschlossen. Wir sind dann zurückgefahren. Ich habe zu keinem der am Bullenhuser Damm Gewesenen jemals wieder ein Wort gesprochen. Es war mir nicht zum Sprechen zumute.«

Ganz richtig ist das nicht. Denn Jauch hat glaubhaft ausgesagt, Trzebinski habe nach dem Mord an den Kindern erst eine starke Tasse Kaffee verlangt und sie in seinem, Jauchs, Zimmer getrunken. Danach befahl er Frahm, die Kinderkleidung im Kohleofen zu verbrennen. Dann fuhr der Wagen zurück nach Neuengamme. Dreimann und Speck saßen hinten. Vorn der Fahrer Petersen und der Arzt Trzebinski. Jauch und Frahm blieben am Bullenhuser Damm und schlossen die Leichen ein. Dann legten sie sich schlafen. Das war morgens zwischen sechs und halb sieben am 21. April 1945. Während im Keller die Kinder und die Erwachsenen aufgehängt wurden, war im Erdgeschoß der Schule ein Mann anwesend, der als einziger Zivilist Zutritt zu dem KZ hatte, der Hausmeister Wilhelm Wede. Er sagte später, von allem habe er in dieser Nacht nichts gehört. Er habe geschlafen. Morgens, als er die Heizung nachfeuerte, warf er in den Ofen, was dort lag. Holzspielzeug und ein paar alte Puppen.

DAS KZ ZUR SEE

Die Kinder werden verbrannt

Als SS-Unterscharführer Ewald Jauch vom Bullenhuser Damm aus seinen Vorgesetzten Pauly am 20. April am Telefon fragte, was mit den Kinderleichen nach der Exekution geschehen solle, wich der Kommandant aus. »Pauly befahl mir, die Leichen bis zum Eintreffen weiterer Befehle am Bullenhuser Damm zu belassen«, sagte Jauch vor dem englischen Militärgericht aus. »Ich betonte, daß es unmöglich sei, die Leichen in dem Keller zu belassen. Doch er erklärte mir, daß noch nicht darüber entschieden sei, wohin die Leichen gebracht werden sollten.«

Als es wieder Nacht geworden war, die Nacht vom 21. auf den 22. April 1945, kam der Postwagen, der die Kinder zur Exekution nach Hamburg gebracht hatte, noch einmal zum Bullenhuser Damm. Jauch berichtete im Prozeß: »Die Leichen wurden mit einem Lastwagen vom Bullenhuser Damm nach Neuengamme gefahren. Strippel kam mit dem Lastwagen, und ich nahm ihn sowie die anderen Leute, die mit ihm gekommen waren, mit in den Keller und zeigte ihnen, wo die Leichen lagen. Am nächsten Tag rief Pauly an und beschwerte sich darüber, daß ich Strippel die Leichen ohne Befehl ausgehändigt hatte. Er drohte mir, mich vor ein Kriegsgericht zu stellen. Pauly war ärgerlich, daß die Leichen nach Neuengamme zurückgeschickt worden waren. Ich glaube, daß Pauly deshalb ärgerlich war, weil dadurch, daß die Leichen nach Neuengamme zurückgebracht wurden, die Möglichkeit bestand, daß der eine oder andere Kenntnis davon bekam.«

Der SS-Unterscharführer Wilhelm Brake, Leiter des Krematoriums im KZ-Lager Neuengamme, ließ in der Nacht vom 21. zum 22. April 1945 die zwanzig toten Kinder und die 28 toten Erwachsenen verbrennen.

Es ging zu Ende mit dem Konzentrationslager Neuengamme und dem ganzen Deutschen Reich. In sieben Jahren waren in Neuengamme mehr als 40 000 Menschen ermordet worden. Doch noch waren 10 000 Gefangene am Leben. Zeugen der Verbrechen. Auch sie sollten vernichtet werden, im Wasser der Lübecker Bucht ertrinken. Dieser Mordplan ist fast vollständig gelungen.

Heinrich Himmler, der »Reichsführer SS«, befahl dem »Höheren SS- und Hamburger Polizeiführer« Graf Bassewitz-Behr, die Neuengammer Häftlinge nach Lübeck zu bringen. Dort sollten sie auf die letzten Schiffe verladen werden, die den Nazis noch geblieben waren.

Der Hamburger Gauleiter und Reichsstatthalter Karl Kaufmann, der außerdem noch »Reichskommissar für die Seewirtschaft« war, beschlagnahmte bei der Hamburg-Südamerikanischen Dampfschiffahrtsgesellschaft den ehemaligen Luxusdampfer »Cap Arcona« und bei der Hamburger Reederei Knöhr und Burchard das Frachtschiff »Thielbek«.

Die Evakuierung von Neuengamme überraschte die Häftlinge und das illegale Häftlingskomitee unter der Leitung des sehr aktiven belgischen Rechtsanwalts André Mandrycks. Der bewaffnete Aufstand war vorbereitet. Der sowjetische Major Wassilij Bukrejew war Kopf eines fünfköpfigen Militärausschusses, der drei Häftlingsbataillone aufgestellt hatte. 21 Gewehre lagen in den »Metallwerken« versteckt. Im Lager gab es drei Pistolen. Der Überfall auf die SS-Kasernen mit ihrer 800 Mann starken Lagerwache war in allen Einzelheiten geplant. Doch der Aufstand sollte erst dann ausgelöst werden, wenn es gelungen war, zu den Engländern Kontakt herzustellen.

Am 18. April 1945 beriet der Militärausschuß, zu dem auch der tschechische Arzt Dr. Bogumil Doclik gehörte, der den Kindern die Drüsen herausoperieren mußte. Er notierte in seinem Tagebuch: »In der Sitzung ging es heiß her. Die Russen bestanden darauf, mit Waffen die Macht zu übernehmen. Wenn wir uns nicht so bald wie möglich erheben und den günstigen Augenblick der Ratlosigkeit der Lagerleitung ausnutzen würden, verurteilten wir das ganze Lager zum Tode.«[46]

Aber die Mehrheit meinte, es sei immer noch zu früh für den Aufstand. So verpaßten die Gefangenen die letzte Möglichkeit zur Befreiung. Denn nun begannen die Transporte. Die Organisation wurde zerrissen. Das ganze Lager war zum Tode verurteilt. In Güterwagen wurden die Häftlinge schubweise nach Lübeck gebracht. Viele starben schon unterwegs an Entkräftung.

Das kleine Frachtschiff »Athen« brachte die Häftlinge zur »Cap Arcona«, die vor Neustadt in der Lübecker Bucht mit Maschinenschaden ankerte und kaum Treibstoff hatte. Ihr Kapitän, Heinrich Bertram, weigerte sich, die Häftlinge zu übernehmen. Die »Athen« mußte mit den Gefangenen wieder nach Lübeck zurückfahren. Später hat Bertram darüber zu Protokoll gegeben: »Es war für mich selbstverständlich, die Annahme der Häftlinge zu verweigern, denn jeder verantwortungsbewußte Seemann weiß, daß es in Anbetracht des ungeheuren Risikos zur See während eines modernen Krieges unverantwortlich ist, Menschen ohne die unausweichliche Notwendigkeit ihrer Beförderung zur See, noch dazu in einer derart massiven Form, an Bord zu nehmen.«[47]

Tagelang blieb der Kapitän bei seiner Weigerung. Zweimal mußte die »Athen« mit 2300 Häftlingen und 280 SS-Wachleuten an Bord wieder umkehren. Am 26. April fuhr SS-Sturmbannführer Gehrig, der Verwaltungsführer des KZ-Lagers Neuengamme, mit einem SS-Kommando zur »Cap Arcona«. Gehrig drohte Kapitän Bertram, er werde ihn verhaften, falls er die Aufnahme von Häftlingen weiter verweigere. Einen Haftbefehl habe er mit. Darauf gab Kapitän Bertram seinen Widerstand auf: »Es wurde mir nun klar, daß auch mein Tod nicht die Einschiffung der Häftlinge würde verhindern können, und so erklärte ich dem SS-Offizier, daß ich von nun an die Verantwortung für mein Schiff grundsätzlich ablehnen müsse.«[48]

Die Einschiffung begann. Damit keiner fliehen konnte, hatte der SS-Obersturmführer Klebeck zusammen mit dem Unterscharführer Tümmel alle Schwimmwesten eingesammelt und verschlossen.

Am 30. April waren fast 10 000 Häftlinge auf den drei Schiffen, die jetzt alle in der Lübecker Bucht ankerten. 4600 auf der »Cap Arcona«, 1998 auf der »Athen« und 2800 auf der »Thielbek«. Sie waren in höchster Spannung, denn sie ahnten, daß sie hier für ihre Ermordung konzentriert worden waren. Es konnten Torpedos der deutschen U-Boote sein oder Sprengladungen in den Schiffen, die ihnen den Tod bringen sollten. Aber es waren die Bomben und die Kugeln der britischen Flugzeuge. Himmler hatte den Engländern die überfüllten Schiffe als Zielscheiben präsentiert.

Am 3. Mai 1945, um 12 Uhr 30, bekam Kapitän Nobmann von der »Athen« einen Funkspruch: Der Standortkommandant von Neustadt befahl ihm, den Hafen anzulaufen und weitere Gefangene zu übernehmen. Um 13 Uhr 45 machte das Schiff am Neustädter Kai fest.

Eine dreiviertel Stunde später, um 14 Uhr 30, begann die größte Schiffskatastrophe der Geschichte. Eine Staffel britischer Kampfbomber überflog die Lübecker Bucht. Einige Maschinen griffen die »Athen« an, die mit Flakfeuer antwortete. Doch der Flak-Schütze wurde von einem Schuß ins Bein getroffen. Das Feuer wurde eingestellt und die weiße Flagge gehißt. Die 1998 Häftlinge sprangen an Land. Sie waren gerettet.

Dann flogen die Maschinen zu den beiden anderen Schiffen. Augenzeugen berichten, daß die Häftlinge an Deck den Flugzeugen mit ihren Mützen und weißen Tüchern zuwinkten. Sie jubelten »Freiheit«, »Liberté« und »Wolnosc«.

Doch die Engländer schossen Raketen und warfen Bomben. Sie trafen zuerst die »Thielbek«, die sofort Schlagseite bekam und zu sinken begann. Die »Cap Arcona« brannte. Als die Häftlinge an Deck strömten, kamen die Flugzeuge zurück und beschossen sie mit Bordwaffen, zwanzig Minuten lang. Dann drehten die Maschinen ab.

Von den 2800 Häftlingen der »Thielbek« wurden 50 gerettet. Die anderen waren durch Bomben und Bordwaffenbeschuß getötet worden, wurden von der verrutschten Deckslast erdrückt oder ertranken im kalten Wasser. Den zweitausend Häftlingen unter Deck gelang es überhaupt nicht, nach oben zu kommen. »Hatte einer eine Deckskante erreicht, so wurde er von den anderen wie Trauben an ihm hängenden Häftlingen wieder in die Tiefe gerissen, und das bereits mit Wasser gefüllte Schiff nahm seine Opfer mit sich in die Tiefe«, berichtet einer der wenigen Überlebenden.[49]

Gegen 15 Uhr versank das Schiff. Mit ihm ungefähr 2500 Häftlinge, zwölf Besatzungsmitglieder und Kapitän John Jacobsen.

Lungenfacharzt Dr. Kurt Heißmeyer: »Für mich gab es keinen prinzipiellen Unterschied zwischen Menschen und Versuchstieren.«

Eine glückliche Familie: Direktor Armand Kohn mit seiner Frau und den Kindern Philippe (links), Antoinette und Rose-Marie. Das Foto wurde kurze Zeit vor der Geburt von Georges gemacht.

Zwei Friseure und ihre Angehörigen: Die Brüder Karl (links) und Leopold Morgenstern. Auf dem Schoß ihrer Mutter Suzanne die kleine Jacqueline, dahinter die beiden Großmütter und Poldis Frau Dorothéa, die als einzige überlebte.

Kofferberge blieben in Auschwitz zurück. Damit nichts verlorenging, hatten die Angehörigen Namen und Geburtsdaten auf die Deckel geschrieben.

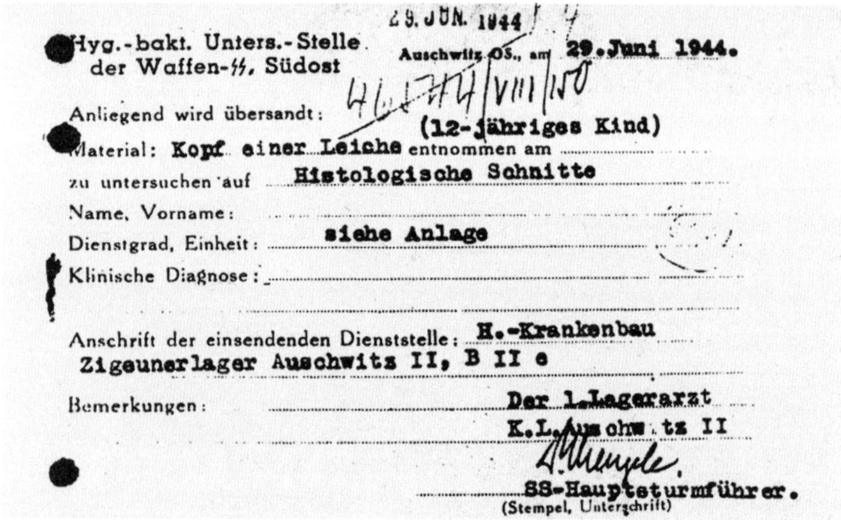

29. JUN. 1944

Hyg.-bakt. Unters.-Stelle
der Waffen-SS, Südost

Auschwitz OS., am 29. Juni 1944.

Anliegend wird übersandt: (12-jähriges Kind)

Material: Kopf einer Leiche entnommen am

zu untersuchen auf Histologische Schnitte

Name, Vorname:

Dienstgrad, Einheit: siehe Anlage

Klinische Diagnose:

Anschrift der einsendenden Dienststelle: H.-Krankenbau
Zigeunerlager Auschwitz II, B II e

Bemerkungen: Der 1. Lagerarzt
K.L. Auschwitz II

SS-Hauptsturmführer.
(Stempel, Unterschrift)

KZ-Arzt Josef Mengeles ›wissenschaftliche‹ Arbeit: Er ließ in Auschwitz Kindern die Köpfe abtrennen, um histologische Untersuchungen daran vornehmen zu können.

Philip Carel Hornemann, genannt Flip, mit seinen beiden Kindern Eduard (oben) und Alexander (Edo und Lexje) im Frühsommer 1938 am Strand von Scheveningen.

Georges-André Kohn als Zwölfjähriger bei der Kommunion. Die jüdische Familie Kohn war zum Katholizismus konvertiert – auch das schützte sie nicht vor der Deportation.

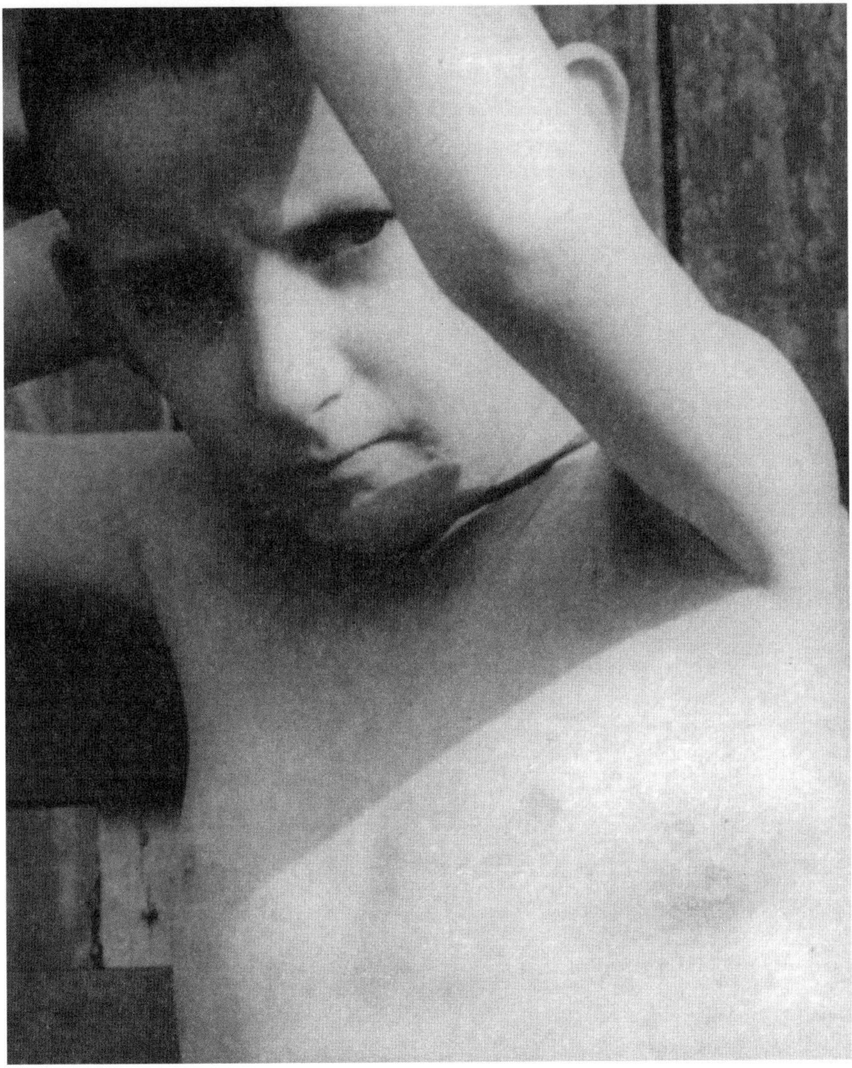

Auf diesem Foto erkannte Philippe Kohn seinen Bruder Georges-André. Das Foto entstand 1945 in Neuengamme, nachdem ihm die Lymphdrüsen herausoperiert worden waren.

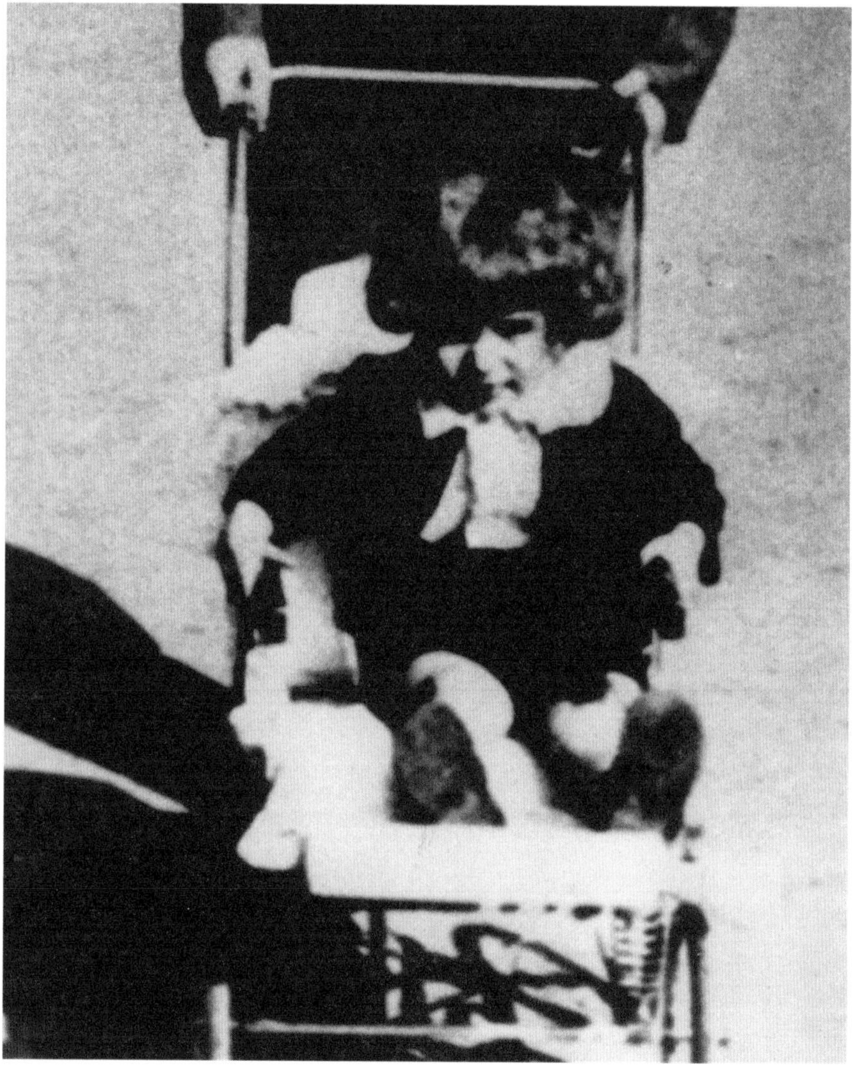

Eduard Reichenbaum aus Kattowitz, Sohn eines deutsch-polnischen Buchhandelsvertreters. Der Vater wurde in Auschwitz ermordet. Sein Bruder Jizhak lebte nach dem Krieg in Haifa.

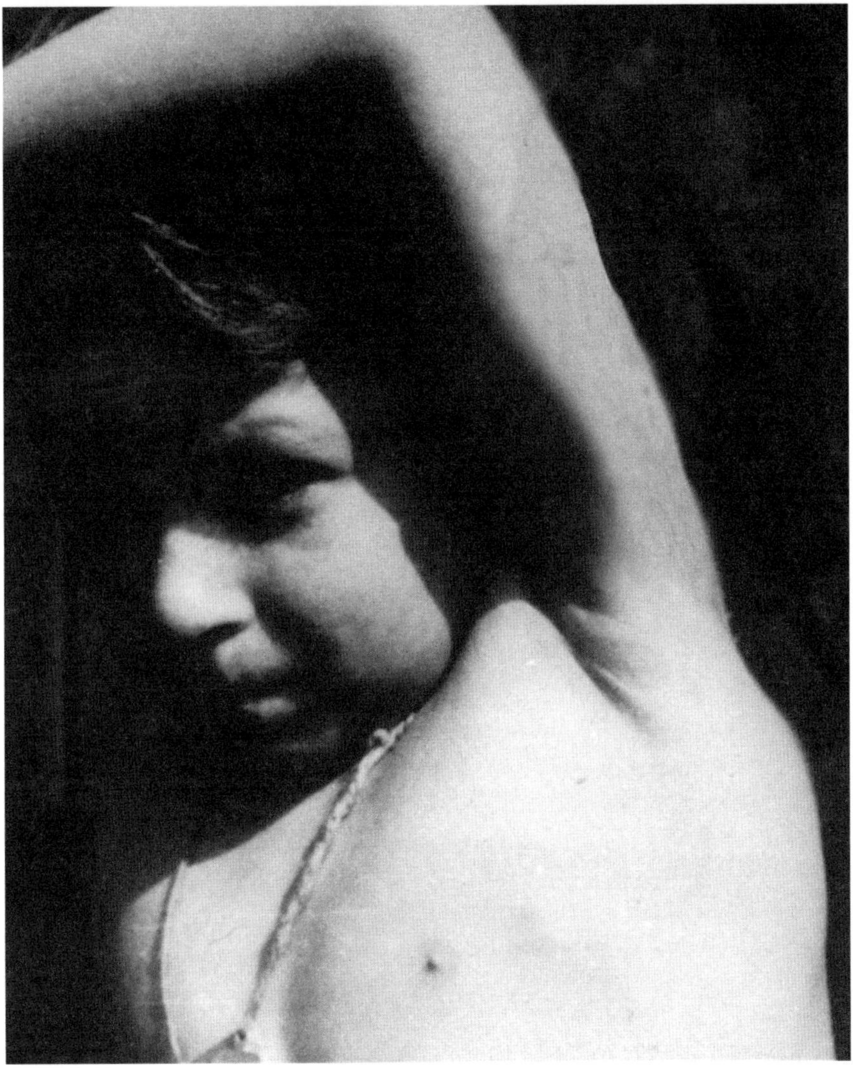

Eduard Reichenbaum 1945 in Neuengamme

Die Neustädter machen ihre Türen zu

Von den 4600 Häftlingen auf der »Cap Arcona« konnten sich 306 retten. Was an Bord des brennenden Schiffes Furchtbares geschehen ist, wurde deshalb nur zum kleinen Teil bekannt. Im D-Deck verbrannten 700 Schwerkranke und Sterbende. In die tief unten im Schiff gelegenen Bananenbunker hatte die SS sowjetische Kriegsgefangene gebracht. Nur ganz wenige von ihnen konnten sich nach oben retten, die anderen erstickten und starben in den Flammen. Mit ihnen auch der politische Leiter des Häftlingskomitees, André Mandrycks.

Im Treppenhaus des Schiffes versuchten viele hundert Menschen, sich nach oben zu drängen. Doch dann stürzte die brennende Decke ein und begrub sie. Die beiden französischen Häftlinge Langlet und Fougassier versuchten, einen Belgier zu retten, dem von Bombensplittern beide Unterschenkel abgerissen waren. Sie trugen ihn auf einem Stück Tür aufs Oberdeck. Als sie nach Verbandszeug für ihn suchten, brach die Panik aus, und er verbrannte mit vielen anderen.

Die meisten SS-Leute konnten über Bord springen. Sie hatten sich aus dem Verschlag die Schwimmwesten geholt. Einige versuchten noch, die aus dem brennenden Schiff nach oben drängenden Häftlinge mit Waffen zurückzuhalten. Die beiden Häftlinge Mehringer und Aleksander Machnew sahen, wie ein SS-Mann mit zwei Pistolen in der Hand den Aufgang zum Oberdeck sperren wollte und auf die Gefangenen schoß. Als seine Magazine leer waren, wurde er niedergeschlagen und von den nachdrängenden Menschenmassen zu Tode getrampelt.[50]

Andere SS-Leute wurden mit Eisenstangen oder Knüppeln erschlagen. Der SS-Unterscharführer Heinrich Wiehagen, einer der Mörder vom Bullenhuser Damm, konnte sich noch über Bord retten, bekam aber im Wasser einen Schlag über den Kopf und ging unter.

Der Häftling Heinrich Mehringer schildert, wie er sich retten konnte: »Ich selbst brannte bereits am Rücken und am Kopf, spürte aber das Feuer vor Aufregung nicht mehr heiß, sondern kalt. Da sah ich in höchster Gefahr und im letzten Augenblick über mir ein Eisenrohr, das zum Spannen der Sonnensegel diente. Mit ausgestrecktem Arm konnte ich es gerade noch erreichen und zog mich mit einem Arm mit übermenschlicher Kraft hoch. So kam ich auf den Köpfen der vielen zusammengedrängten Menschen zu stehen. Etwa zehn Mann hatten das Glück, mir folgen zu können, dann war die Feuersbrunst mit dem Menschenknäuel völlig verwachsen. Wir liefen nun auf den Köpfen der Kameraden, wie auf einem Pflaster, um unser Leben. An der Reling angekommen, kletterten wir nun außenbords schleunigst hinunter ins kleine Ruderdeck… Auf dem Deck über uns verbrannten alle Kameraden. Nach kurzer Zeit fand das Feuer keine Nahrung mehr. Totenstille herrschte. Sobald wir konnten, versuchten wir nachzusehen. Uns bot sich ein furchtbares Bild: mehr als zweihundert verbrannte, verkohlte Menschen, zu einem Klumpen zusammengeschweißt.«[51]

Die Rettungsboote des Schiffes waren keine Rettung. Drei konnten zu Wasser gelassen werden, aber sie kenterten, weil die Ertrinkenden sich in großen Trauben an die Bordwände klammerten. Ein viertes Boot hing noch an der Bordwand, als das Feuer die Taue verbrannte. Es stürzte hinab und erschlug die Schwimmenden.

Eine Stunde nach dem britischen Angriff legte sich die »Cap Arcona« auf die Backbordseite, kenterte und riß einige Hundert, die das Feuer überstanden hatten, mit in die Tiefe. Das Wrack ragte mit seiner Steuerbordseite acht Meter über die Wasseroberfläche.

Über dreihundert Menschen gelang es, sich wieder auf den Schiffsrumpf hinaufzuziehen, der in seinem oberen Teil immer noch glühend heiß war. Nur wer ein Brett fand, konnte sich dort aufhalten.

Jetzt endlich, anderthalb Stunden nach dem Beginn des Angriffs, schickte der Standortkommandant von Neustadt, Fregattenkapitän Schmidt, zwei Minensuchboote zur Rettung in die Lübecker Bucht. Doch die Boote nahmen nur deutsche Soldaten und Matrosen auf. Der sowjetische Häftling Aleksander Machnew versuchte vergeblich, sich in ein solches Boot zu retten: »Die Deutschen schlugen jene, die sich dort festhielten, auf die Hände und warfen sie erbarmungslos zurück ins Wasser ... Die Deutschen begannen zu feuern. Sie schossen auf die im Wasser treibenden Kameraden. Lautlos versanken die von den Schnellfeuergewehren Erschossenen im Wasser.«[52] Doch es gab einige deutsche Matrosen, die sich menschlicher zeigten. »Mir gelang es«, schreibt der Fotograf Paul Stassek, »einen an der Reling stehenden jungen Matrosen zu bewegen, uns an Bord zu ziehen, was sehr schwierig war. Ich war völlig erschöpft und an der rechten Hand verletzt. Um weiteren Fliegerangriffen zu entgehen, fuhren wir nach der Marineversuchsstation Pelzerhaken ab.«[53]

Unter denen, die nicht mit an Bord genommen wurden, war der Schauspieler Erwin Geschonneck. Er konnte zum Schiff zurückschwimmen und sich an der Ankerkette langsam hochziehen. Dann saß er halberfroren auf dem Schiffsrumpf, mit den letzten dreihundertsechs Mann der »Cap Arcona«. Ein kalter Schneeregen fiel vom Himmel. Es wurde dämmrig. Um 19 Uhr kamen Boote. Es waren keine Deutschen mehr, es waren die Engländer, die inzwischen Neustadt besetzt hatten. Sie holten die Überlebenden vom Wrack herunter, hüllten sie in Decken ein und brachten sie an Land. Nach Neustadt.

Dort im Hafen lagen dreißig bis vierzig Fischkutter. Nicht einer war ausgelaufen, den Menschen auf den sinkenden Schiffen in der Bucht zu helfen. Als am Abend die Geretteten in der Stadt ankamen, hielten die meisten Einwohner ihre Haustüren geschlossen. Sie öffneten auch nicht auf Klopfen und Bettelrufe. Aber es gab einige Dutzend Familien, die den hungernden und frierenden KZ-Häftlingen Kleider und Essen gaben und sie in ihre Wohnungen holten. Auch in Neustadt gab es hier und da etwas Menschlichkeit.

Der KZ-Kommandant bestiehlt das Rote Kreuz

Wenn KZ-Kommandant Pauly das Verantwortungsbewußtsein eines preußischen Offiziers gehabt hätte, das er so oft betonte, dann hätte er an diesem Tag auf der »Cap Arcona« sein und mit ihr untergehen müssen. Das hat der Vertreter des Gestapochefs von Hamburg, ein SS-Sturmbannführer Rickert, vor dem britischen Militärgericht ausgesagt.

Verteidiger Dr. König: »Waren diese Menschen noch unter dem Kommando von Pauly?«
Rickert: »Ja.«
König: »Sie sahen Pauly also als den Kommandanten dieser Leute auf dem Schiff an?«
Rickert: »Ja.«
König: »Und seine Verantwortung für diese Menschen war noch nicht beendet?«
Rickert: »Nein, soweit ich weiß.«
König: »Ich möchte das ganz klar machen. Nach Ihrer Ansicht standen diese Leute damals noch unter dem Kommando von Pauly, und er war dafür verantwortlich, daß sie ihr endgültiges Bestimmungsziel erreichten?«

Rickert: »Er hatte die Befehle von General Bassewitz-Behr auszuführen und war also für die Ausführung verantwortlich«.
König: »Hätte es zu Paulys Aufgaben gehört, die Evakuierung dieser großen Zahl von Gefangenen von Lübeck auf die Schiffe zu überwachen? Wäre das ein Teil seiner Aufgaben gewesen?«
Rickert: »Das nehme ich als selbstverständlich an.«[54]

Doch Pauly hatte in diesen Tagen anderes zu tun. Er überwachte ein letztes Häftlingskommando, das in Neuengamme die Spuren seiner Verbrechen beseitigte. 400 Kilo Akten wurden verbrannt und vor das Krematorium ein Schild gehängt »Desinfektionsraum«. Der Galgen wurde zersägt und verfeuert. Die Baracken wurden gesäubert und frisch gekalkt. Sie sollten einen guten Eindruck auf die Engländer machen, und das taten sie auch, als am 5. Mai 1945 der erste britische Soldat, Leutnant Charlton aus Folkestone, durch das ehemalige KZ-Lager Neuengamme ging: »Wir machten eine schnelle Durchsuchung der Gefangenenbaracken, welche wir mehr oder weniger sauber und in Ordnung fanden. Niemand war da. Es hatte den Anschein, daß sie in Eile saubergemacht worden waren.«[55]

Dann ließ der Lagerkommandant die restlichen 2 000 Pakete des schwedischen Roten Kreuzes auf einen Lastwagen laden. Mit dem fuhr der Kantinenverwalter Jacobsen nach Westerdeichstrich zwischen Büsum und Wesselburen, Paulys Wohnort. Dort hielt der Wagen vor dem Hause Ekenesch 2, wo Paulys Schwiegereltern wohnten, und lud einen Teil der 400 000 Zigaretten, 20 000 Tafeln Schokolade und 20 000 Päckchen Kaffee und Tee ab. Pauly und Jacobsen, der eine Gastwirtschaft hatte, teilten sich die Diebesbeute.

Am 3. Mai fuhr der KZ-Kommandant mit seinem großen olivfarbenen Dienstwagen zuerst nach Wesselburen und dann weiter nach Flensburg. Dort versteckte er sich im Hause seiner Schwägerin Anita Knuth am Sankt-Jürgens-Platz Ecke Ulmenstraße. Er warf die Totenkopf-Uniform weg und zog Zivil an.

Am 15. Mai 1945 um 23 Uhr klingelten zwei Zivilisten. Frau Knuth öffnete, und sie fragten: »Ist hier Max Pauly?« Sie wußten, daß er da war. Es waren zwei Kriegsverbrecher-Fahnder der englischen Armee. Sie nahmen ihn fest und brachten ihn ins Internierungslager Neumünster.

Dorthin fuhren die Engländer auch den SS-Rottenführer Johann Frahm, der im Heizungskeller der Schule die Kinder in die Schlingen gehängt hatte. Er hatte sich in seinem Heimatdorf Kleve bei Heide in Holstein versteckt gehalten. Sie faßten den Unterscharführer Willi Dreimann und den Rottenführer Adolf Speck in der Gegend von Lübeck und transportierten sie ebenfalls nach Neumünster. Eigentlich hatte Unterscharführer Ewald Jauch mit ihnen zusammen Häftlinge zur Ostsee bringen sollen. Doch der war statt dessen in Zivil nach Hause geflohen, nach Schwenningen im Schwarzwald. Dort hielt er sich in seinem Elternhaus in der Hauffstraße 17 versteckt, bis Militärpolizei erschien, ihn festnahm und ins britische Internierungslager Eselsheide bei Paderborn brachte.

Vier andere blieben noch verschwunden: der Obersturmführer Arnold Strippel, der SS-Arzt Kurt Heißmeyer, die Ärzte Dr. Hans Klein und Dr. Adolf Trzebinski.

Die lieben Kameraden helfen einem Mörder

Trzebinski hatte einen Krankenwagen mit schwedischen Rotkreuz-Paketen vollgepackt und war damit aus Neuengamme geflohen. Mitten durch die Elendsflut der geschlagenen deutschen Truppen, der flüchtenden Ausgebombten und der Gefangenen fuhr der Mörder mit seinem großen Rotkreuz-Auto. Er beklagte sich später in seinem Tagebuch, daß er bei den englischen Fliegerangriffen anhalten und in den Graben springen mußte, »denn Rücksichten auf Rotes Kreuz und Genfer Konvention gab es in dieser harten Phase des Krieges nicht. Mit den Bauersleuten, bei denen wir Quartier genommen hatten, machten wir uns noch ein paar schöne Tage, beschenkten sie zum Abschied mit allerlei guten Sachen wie einem Radioapparat, einem Fahrerpelzmantel und so weiter, die wir dem Feind nicht gönnten, und dann mußten wir uns ja irgendwo ergeben oder – untertauchen, denn rundum saßen die Engländer, das letzte Stücklein deutschen Bodens war inzwischen unfrei geworden.« So sah er es also noch in der Todeszelle: »Unfrei«, weil die Alliierten gekommen waren und Mördern wie ihm die Macht genommen hatten.

Der SS-Arzt versteckte sich bei Gleichgesinnten in Husum. Er schreibt: »Nach reiflicher Überlegung beschloß ich für meine Person, zunächst in der aus Storms Novellenschatz bekannten ›grauen Stadt‹ unterzutauchen. Ich wurde freundschaftlichst aufgenommen, binnen weniger Tage hatte ich mit liebevoller und großzügiger Unterstützung die Uniformstücke und Abzeichen der SS mit denen der Wehrmacht vertauscht und fungierte im dortigen Reservelazarett als Stabsarzt der Wehrmacht.«

Er fing schon an zu glauben, alles sei vergessen. »Stabsarzt« Trzebinski ließ sich an ein Hamburger Lazarett versetzen und ging von dort als Militärarzt in das britische Entlassungslager Hesedorf bei Neumünster. In sein Tagebuch trug er ein: »Es ging alles ausgezeichnet. Ich wurde in das deutsche Stammpersonal eingegliedert, niemand fragte nach meinen Papieren. Ich bekam meinen Wehrsold – meine Uniform mit den geborgten Wehrmachtsabzeichen legitimierte mich ausreichend. Kein Mensch in Hesedorf, weder Engländer, deutscher Soldat noch Zivilist, hat bis zum Schluß geahnt, daß sich in der harmlosen Uniform eines Stabsarztes ein verfolgter, verfemter und vogelfreier SS-Führer verbarg. Im

Nebenzimmer saß der Intelligence Service, dessen Aufgabe unter anderem darin bestand, solche Leute wie mich zu fangen. Auch er war völlig ahnungslos und auf bestem Fuße mit mir. Ein kanadischer Oberleutnant des Intelligence Service beauftragte mich, bei den Entlassungsuntersuchungen nach Blutgruppentätowierungen zu fahnden, die SS-Angehörige unter dem linken Arm trugen und an denen sie auch in fremden Uniformen erkannt wurden; aber in meinem Fall hatte er doch unwissentlich den Bock zum Gärtner gemacht, ich war blind gegen die blaue Farbe der Tätowierungen … Meine eigene Blutgruppe hatte ich bereits in der grauen Stadt unter dem Messer eines lieben Kollegen und Kameraden verloren. Auch sein Name muß ungenannt bleiben.«

Es gibt genug Trzebinskis, die auf diese Weise unbehelligt blieben. Der Arzt hatte inzwischen seine Frau und seine Tochter nachkommen lassen und in Hesedorf im Gasthof Wülpern eine Wohnung gefunden. Nun wollte er wieder als Arzt arbeiten. Mit einer Bestrafung rechnete er nicht mehr. Doch er wußte nicht, daß die Engländer in Bad Oeynhausen eine Ermittlungskommission für Kriegsverbrechen gebildet hatten, das »War Crimes Investigation Team«. Dort stand der Name Trzebinski auf einer Fahndungsliste des englischen Majors Anton Walter Freud. Der sprach vorzüglich Deutsch: Er war ein Enkel von Sigmund Freud, in Österreich geboren und nach London emigriert. Seine Großmutter mütterlicherseits war in Wien geblieben. Dort hatten die Nazis sie gefangen und erst nach Theresienstadt, dann nach Auschwitz geschleppt und dort vergast. Sie war damals schon weit über achtzig.

Nun war ihr Enkel zurückgekommen, zu spät, um seine Großmutter zu befreien. Aber er hatte ihre Mörder vor sich: Höss, den Kommandanten von Auschwitz, Dr. Bruno Tesch, den Hamburger Fabrikanten, der das »Zyklon B« nach Auschwitz verkauft hatte: »Alles unscheinbare kleine Leute, denen man überall begegnen kann, ohne zu ahnen, was sie getan haben«, erinnert sich Anton Walter Freud heute.

Major Freud entdeckte, daß die Spur des Standortarztes Trzebinski nach Hesedorf führte. Am 1. Februar 1946 wurde der SS-Arzt dort festgenommen und in das Kriegsverbrecherlager Westertimke gebracht. Dort beschwerte er sich wieder in seinem Tagebuch: »Uns wurde zunächst der Abstand zwischen uns ›Nazischweinen‹ und den kulturbringenden Soldaten der Siegermächte eingebleut: Dreißig Schritt vor und dreißig Schritt nach einem vorbeigehenden britischen Soldaten mußte stillgestanden und stramme Haltung eingenommen werden. Das war mehr, als in einem deutschen Konzentrationslager jemals an Grußpflicht verlangt wurde.«

Dann begannen die Verhöre: Was er von dem Schicksal der zwanzig jüdischen Kinder wisse? Gar nichts, behauptete Trzebinski. Doch zu dieser Zeit wußte Anton Walter Freud schon, daß Trzebinski dabei war, als die Kinder am 20. April 1945 mit dem Lastwagen aus Neuengamme weggebracht wurden. Denn die wenigen befreiten Neuengamme-Häftlinge hatten den englischen Truppen von dem Schicksal der zwanzig Kinder berichtet. Zwar wußte niemand, wo sie geblieben waren, doch wer sie weggebracht hatte, wußten die Häftlinge genau: Dreimann, Trzebinski, Wiehagen und Speck.

Speck gesteht den Todestransport

Als erster gab Speck zu, vom Schicksal der Kinder zu wissen. Am 9. März 1946 sagte er im Lager Neumünster vor dem britischen Captain H. P. Kinsleigh unter Eid aus:[56]

»Gegen Ende April 1945, ich glaube, es war der 20., war ich abends gegen acht in meinem Zimmer. Ich erhielt von einem SS-

Mann den Befehl, sofort zu Thumann ins Schutzhaftlager zu kommen. Unterscharführer Wiehagen, der bei mir im Zimmer war, erhielt den gleichen Befehl. Wir meldeten uns im Dienstzimmer des Blockführers, und dort waren Thumann und Dreimann. Thumann gab mir den Befehl, einen Kindertransport nach Hamburg zu begleiten, der für das schwedische Rote Kreuz bestimmt war.

Gegen 8.30 Uhr abends hielt der Postwagen des Lagers Neuengamme vor dem Krankenrevier. Etwa zwanzig Kinder zwischen sechs und zwölf Jahren wurden in den Wagen eingeladen. Zwei Häftlingsaufseher waren in Begleitung der Kinder. Weitere sechs erwachsene Häftlinge wurden ebenfalls in den Wagen geladen. Wiehagen und ich mußten hinten in den Wagen. Dreimann und Trzebinski saßen vorn bei dem Fahrer Petersen.

Wir kamen gegen 11 Uhr nachts in der Schule Bullenhuser Damm an. Die Erwachsenen stiegen zuerst aus und gingen mit Dreimann und Trzebinski in die Schule. Ich, Petersen und Wiehagen blieben im Wagen. Johann Frahm und Ewald Jauch waren dort, als wir ankamen. Beide gingen in die Schule mit Dreimann und Trzebinski und den sechs Gefangenen.

Dann holten Trzebinski, Frahm und Jauch die zwanzig Kinder in die Schule, zusammen mit den zwei Häftlingsaufsehern.

Etwa eine halbe Stunde später, gegen Mitternacht, kamen Trzebinski und, ich glaube, Dreimann und befahlen Wiehagen, Petersen und mir, in den Wagen zu steigen. Wir fuhren zum Außenkommando Spaldingstraße. Trzebinski stieg aus, und kurz darauf wurden 25 bis 30 Russen in den Wagen geladen. Dann fuhren wir zur Schule Bullenhuser Damm zurück.

Wiehagen, Petersen und ich blieben im Wagen. Trzebinski und Jauch brachten vier oder sechs Russen in die Schule. Eine halbe Stunde später kamen Trzebinski und Jauch wieder heraus und holten vier weitere Russen in die Schule. Wieder eine halbe Stunde später kamen Trzebinski und Jauch erneut und wollten vier weitere Gefangene holen. Wiehagen stand links vom Wagen und ich rechts, ungefähr 1 Meter 50 entfernt.

Die Gefangenen weigerten sich herunterzukommen. Trzebinski wiederholte seinen Befehl. Die Gefangenen versuchten auszubrechen. Sie sprangen alle gleichzeitig herunter und warfen uns was in die Augen, ich vermute, Salz. Wir waren für kurze Zeit erblindet und kamen in ein Handgemenge. Wir machten Gebrauch von unseren Waffen. Ich erschoß einen Russen, Wiehagen zwei, und sieben entkamen. Die übrigen wurden von Jauch und Trzebinski sofort in die Schule gebracht. Petersen blieb beim Wagen, und Wiehagen und ich erhielten von Trzebinski den Befehl, nach den anderen zu suchen.

Wir suchten nach den sieben Entflohenen bis morgens 4 oder 5. Wir kamen zurück und hatten nichts erreicht. Als wir ankamen, war Trzebinski beim Wagen. Er befahl uns, die Leichen der drei, die erschossen waren, in den Keller zu bringen. Dort mußten wir die Leichen ausziehen. Die Leichen der anderen Russen, die vollständig ausgezogen waren, lagen schon im Keller. Ich sah keine Spuren von Gewalt an diesen Leichen. Ich sah keine Leichen der Kinder in diesem Keller.

Petersen, Wiehagen und ich warteten dann etwa eine halbe Stunde auf Trzebinski und Dreimann. Gegen 8 Uhr morgens fuhren wir zurück nach Neuengamme. Jauch und Frahm blieben dort.«

Am selben 9. März 1946 machte auch der SS-Rottenführer Johann Frahm eine Aussage vor Captain Kinsleigh. Er wurde schon genauer und gab den Mord an den Kinder zu. Aber er schob die Hauptschuld Trzebinski zu, den die Engländer zu diesem Zeitpunkt noch nicht gefunden hatten. »Die Kinder mußten sich in einem Zimmer des Kellers ausziehen. Im Keller bekamen sie nacheinander von Trzebinski eine Injektion ins Herz. Unmittelbar danach war jedes Kind tot. Die Leichen wurden am nächsten Tag von einem Lastwagen abgeholt.«[57]

Anton Walter Freud, der nun die Verhöre selbst übernahm, war ein ruhiger und gründlicher Arbeiter. Immer wieder verhörte er die gefangenen SS-Leute und hielt ihnen die Aussagen der Mitgefangenen vor. Immer genauer wurden die Schilderungen vom Kindermord. Frahm sagte nun aus, daß das Kommando nicht direkt zum Bullenhuser Damm gefahren war, sondern erst in die Spaldingstraße zum SS-Obersturmführer Strippel, der die Exekution überwachen sollte. Auch daß Trzebinski die Kinder nicht durch eine Spritze ins Herz getötet, sondern sie nur durch Morphiumspritzen betäubt hatte und daß die Kinder dann aufgehängt wurden, gab er zu.

Als der Prozeß gegen die Hauptschuldigen von Neuengamme schon begonnen hatte, verhörte Anton Walter Freud die SS-Leute noch weiter. Am 2. Mai 1946 gab Johann Frahm die genaueste Schilderung des Kindermordes zu Protokoll:

»Der Kommandoführer des Lagers Bullenhuser Damm war Oberscharführer Jauch, der Stützpunktleiter war Strippel… Ich ging in den Keller hinunter, wo die Neuankömmlinge versammelt waren. Es waren ungefähr zwanzig Kinder. Einige schienen krank zu sein. Außer den Kindern waren Dr. Trzebinski, Dreimann und Jauch im Keller. Strippel kam zeitweise auch herein. Die Kinder mußten sich in einem Zimmer des Kellers ausziehen, wurden dann in ein anderes Zimmer geführt, wo sie von Dr. Trzebinski eine Injektion bekamen, so daß sie einschliefen. Diejenigen, die nach der Injektion noch Lebenszeichen von sich gaben, wurden in ein anderes Zimmer getragen. Es wurde ihnen ein Strick um den Hals gelegt, und sie wurden dann an Haken wie Bilder an der Wand aufgehängt. Dies wurde von Jauch, mir, Trzebinski und Dreimann ausgeführt. Strippel war zeitweilig auch dabei… Um Mitternacht kam ein anderer Schub von Gefangenen aus Neuengamme. Diesmal handelte es sich um 20 erwachsene Russen. Diese wurden in einen Raum des Kellers geführt, und dort wurden sie von uns vieren, Jauch, Trzebinski, Dreimann und mir, und teilweise Strippel aufgehängt. Um 6 Uhr morgens waren alle Russen tot, und ich ging schlafen.«[58]

Damit konnte die Anklage den Kindermord beweisen und die Täter überführen.

Ankläger war der britische Major Stephen Malcolm Stewart. Am 18. März 1946 begann der erste Prozeß gegen die 14 Hauptverantwortlichen des KZ-Lagers Neuengamme. Pauly war Angeklagter Nummer 1, Thumann Nr. 3, Dreimann Nr. 5, Speck Nr. 9 und Trzebinski Nr. 14. Vier Monate später begann ein weiterer Prozeß gegen Jauch und Frahm wegen des Kindermordes. Auch Strippel war zunächst angeklagt, aber das Verfahren gegen ihn wurde abgetrennt. Er war untergetaucht.

Die Täter stehen vor Gericht

Die Engländer benutzten einen der wenigen unzerstörten Säle im zerbombten Hamburg als Gericht, den Saal im Curiohaus an der Rothenbaumchaussee. So bekamen die Prozesse ihren Namen: Curiohaus-Prozesse.

In seiner Anklagerede sprach Major Stewart von der offiziellen »Warnung«, die am 23. April 1942 von den Regierungen in London, Moskau und New York über das Radio »an die Kommandanten, Wachmänner und Gestapobeamten in den deutschen Konzentrationslagern« gerichtet worden war. Sie drohte ihnen für die Fortsetzung ihrer Verbrechen schwere Bestrafung an. Dann kam er auf die »Heißmeyer-Kinder« zu sprechen: »Hören Sie von zwei Zeugen die Geschichte des französischen Jungen Georges und des französischen Mädchens Jacqueline und vieler anderer namenloser Kinder, die man für diese Experimente ins Lager brachte. Hören Sie, wie sie vollkommen gesund im Lager ankamen. Sie waren schöne, normale, aufgeschlossene Kinder. Dann begannen die Experimente. Man machte kleine Einschnitte in den Arm und die Brust und rieb Tuberkelbazillen hinein. Innerhalb weniger Tage wurden die Kinder krank, und der kleine Junge Georges verließ nie wieder sein Bett. Hören Sie auch, daß alle diese Kinder evakuiert wurden und zusammen mit dem Häftlingsarzt in Hamburg getötet wurden.«

Major Stewart schloß mit den Worten: »Ich weiß, Herr Präsident, daß es sehr schwer ist, seine menschliche Erregung niederzuhalten, wenn man von menschlichen Wesen hört, die so weit hinabgesunken sind, mit Kindern zu experimentieren und sie zu liquidieren. Ich bitte Sie jedoch, auch diesen Anklagepunkt nicht mit dem Zorn empörter Menschlichkeit zu beurteilen, sondern nur nach dem Wortlaut der Gesetze.«[59]

Alle Angeklagten versuchten, die Schuld an dem Kindermord von sich abzuwälzen.

Der KZ-Kommandant Max Pauly erklärte, er habe nur Befehle ausgeführt. Es sei klar, daß jeder Befehl hätte ausgeführt werden müssen, auch ein Exekutionsbefehl für Kinder.

Das stimmte nicht. Es gab in Neuengamme nicht nur gehorsame Befehlsempfänger, sondern auch Befehlsverweigerer. Der Staatsanwalt erinnerte an einen von ihnen, den Häftling Fritz Bringmann. Er arbeitete als Pfleger. Im Februar 1942 hatte ihm der SS-Unterscharführer Willi Bahr befohlen, sowjetische Kriegsgefangene mit Phenol zu Tode zu spritzen: »Die sind zu keiner Arbeit mehr fähig und müssen liquidiert werden.« Bringmann weigerte sich. »Wie ist es möglich, daß ein Häftling in einem KZ den Befehl eines SS-Mannes verweigern konnte?« wunderte sich im Curiohaus-Prozeß der Staatsanwalt. Bringmann, ein Kommunist, antwortete ihm: »Weil man bei uns politischen Häftlingen

Charakter hatte und weil es sich um einen unmenschlichen Befehl handelte.«

Zwar hatte er den Mord an den Russen nicht verhindern können. Bahr spritzte sie nun selbst zu Tode. Doch Fritz Bringmann hatte seine Menschlichkeit bewahrt. Er überlebte das KZ. Eine Auszeichnung für sein menschliches Verhalten hat er nie bekommen.[60]

Unter Menschlichkeit verstanden die SS-Leute allerdings etwas anderes als Häftlinge wie Fritz Bringmann. Für Max Pauly beispielsweise, den Lagerkommandanten, war Menschlichkeit nur die Sorge für seine eigene Familie. Am 3. Mai 1946 schrieb er an seinen Sohn Hans-Werner einen wehmütigen Rückblick auf seinen verlorengegangenen Mörderlohn: »Ein schönes Haus in Adlershorst,[61] vollkommen schuldenfrei, konnte Dein Vater schon sein eigen nennen. Außerdem hatte Dein Vater im Laufe der Zeit bei der Danziger und Rendsburger Sparkasse zirka 25 000 Mark gespart. Dazu kommen dann noch Eure Konten … Wie schön wäre es gewesen, wenn ich nun wenigstens bei Euch sein könnte.«[62]

Und Dr. Alfred Trzebinski lobte sich am 24. März 1946 in einer Aufzeichnung »Vorgänge bei dem Kindermord«, die er für seine Aussage vorbereitet hatte: »Ich kann mir keinen Vorwurf machen, daß ich den Kindern vor ihrer Hinrichtung eine barmherzige Morphiumspritze gemacht habe. Dies war im Gegenteil eine humane Tat, der ich mich nicht zu schämen brauche.«[63]

Keiner von ihnen schämte sich. Sie hatten alle ihre Verbrechen »für Deutschland« oder »als Soldaten« begangen. »Aber es wird heute alles nicht gewertet«, schreibt Pauly seinem Sohn, »nur Schlechtes soll man gemacht haben. Sei felsenfest davon überzeugt, daß ich nur das gemacht habe, was mir befohlen worden ist. Es war ein staatliches Konzentrationslager, und trotzdem werde ich jetzt für alles, was höhere Dienststellen befohlen haben, verantwortlich gemacht.«[64]

Die Verantwortung für den Mord an den Kindern wollte er auf Dr. Trzebinski abschieben.

Verteidiger Dr. Wessig: »Wer stellte den Befehl aus?«
Pauly: »General Pohl.«[65]
Wessig: »Wie erfuhren Sie von diesem Exekutionsbefehl?«
Pauly: »Er war an den Standortarzt gerichtet, und ich las ihn damals.«
Wessig: »Haben Sie diesen Exekutionsbefehl erhalten und weitergegeben, oder hat ihn der Standortarzt direkt erhalten?«
Pauly: »Wie ich bereits gesagt habe, er hat ihn direkt erhalten; ich erinnere mich nicht, ob durch Brief oder per Fernschreiber.«[66]
Verteidiger Dr. Lappenberg: »Und was sagten Sie Trzebinski bei dieser Gelegenheit?«
Pauly: »Ich habe schon gesagt, daß ich ihm den Brief übergab und ihm gesagt habe, die Exekution entsprechend diesem Befehl auszuführen.«
Lappenberg: »So daß er es als einen Befehl von Ihnen ansehen mußte?«
Pauly: »Das konnte er nicht, weil ich ihm den Brief ausgehändigt habe, als er kam.«
Lappenberg: »Was war mit den Pflegern, die die Kinder betreuten?«
Pauly: »Das schloß sie ein, weil wir sie alle als eine Abteilung ansahen.«
Lappenberg: »Sie sagten, daß dies ausschließlich eine Angelegenheit der medizinischen Abteilung war. Warum kam dann der Befehl von General Pohl und nicht von den medizinischen Behörden?«
Pauly: »Möglicherweise, weil Dr. Heißmeyer mit General Pohl bei verschiedenen Gelegenheiten konferiert hatte und weil die Errichtung dieser Station als medizinische Station auf Befehl von General Pohl geschehen war.«

Lappenberg: »Sie streiten ab, daß Dr. Trzebinski sich dann geweigert hat, den Befehl zur Exekution der Kinder auszuführen?«
Pauly: »Ja, ich streite es ab.«
Lappenberg: »Wurde diskutiert, wie die Kinder exekutiert werden sollten?«
Pauly: »Soweit ich mich erinnere, sagte Dr. Trzebinski, das sei seine eigene Angelegenheit.«
Lappenberg: »Sagte Dr. Trzebinski Ihnen, daß er kein Gift für diese Injektionen habe?«
Pauly: »Daran kann ich mich heute nicht mehr erinnern.«[67]
Oberrichter Stirling: »Konnte Trzebinski ohne Ihren Befehl Dreimann und Speck mitnehmen?«
Pauly: »Ich nehme an, er hat das mit dem Lagerführer besprochen«.
Stirling: »Was geschah mit den Professoren Florence und Quenouille, die auf die Kinder aufpaßten?«
Pauly: »Ich kenne diese zwei nicht.«
Stirling: »Sind Sie sicher, daß Sie sie nicht kennen?«
Pauly: »Ja.«
Stirling: »War Ihnen klar, daß sie die beiden gefährlichsten Zeugen für das waren, was mit den Kindern geschehen war?«
Pauly: »Das ist möglich.«
Stirling: »Wissen Sie, ob sie von Neuengamme fortkamen oder nicht?«
Pauly: »Ja, sie fuhren mit den Kindern, weil wir sie auch Pfleger nannten oder Krankenwärter.«
Stirling: »Wenn Sie von Krankenwärtern oder Pflegern sprechen, schließen Sie dabei die beiden Professoren ein?«
Pauly: »Ja.«
Stirling: »Dann geben Sie zu, daß die beiden Professoren zusammen mit den Kindern von Neuengamme wegfuhren?«
Pauly: »Soweit ich weiß, fuhren vier Krankenwärter, ob die zwei Professoren waren oder nicht, weiß ich nicht, jedenfalls vier Krankenwärter fuhren mit den Kindern.«

Stirling: »Und was geschah mit den vier Krankenwärtern?«
Pauly: »Sie wurden exekutiert.«
Stirling: »Woher wissen Sie das?«
Pauly: »Das war in den Exekutionsbefehl eingeschlossen.«[68]

Der KZ-Kommandant erklärt sich für »nicht schuldig«

Paulys widersprüchliche Aussagen standen im Gegensatz zu allem, was das Gericht über Exekutionen in Neuengamme gehört hatte: Exekutionsbefehle kamen aus Berlin und waren grundsätzlich an den Kommandanten gerichtet. Der hatte auch die Verantwortung für den Mord an den Kindern. Bei der Ausführung einer Exekution mußte der Lagerführer, der ranghöchste Offizier nach ihm, anwesend sein. Normalerweise war das der SS-Obersturmführer Anton Thumann. Aber der war am Mittag des 20. April 1945 zur Inspektion in das mecklenburgische KZ Wöbbelin gefahren. Der ranghöchste Offizier nach ihm war der SS-Obersturmführer Arnold Strippel.

In seinem Plädoyer für Pauly versuchte sein Anwalt Dr. Curt Wessig, der von den Nazis selbst in ein »Schutzhaftlager« eingesperrt worden war, die Rolle des KZ-Kommandanten im Nazisystem deutlich zu machen. Er forderte das Gericht auf, anzuerkennen, »daß Pauly nur ein Werkzeug eines Systems gewesen ist, das haß- und wutschnaubend über die meisten Länder Europas hinweggebraust ist und deshalb Schiffbruch erleiden mußte, weil es ein großes ethisches Moment nicht anerkennen und nicht anwenden wollte, nämlich die Liebe zu allem, was Menschenantlitz trägt.«

Das Gericht dürfe Pauly keine unbewiesenen Vorwürfe zur Last legen. Ebensowenig wollte Pauly anerkennen, »schuldig daran zu sein, daß eine gehängte Polin seziert worden ist«, erklärte er zu der Ermordung der vier Krankenschwestern, die mit den zwanzig Kindern zusammen aus Auschwitz gekommen waren. »Da der Vorgang von keinem anderen Zeugen erhärtet worden ist, kann bei der widersprechenden Aussage des Angeklagten Pauly im Zeugenstand der Vorgang nicht als erwiesen angesehen werden. Ob im übrigen die vier Polinnen zu Recht hingerichtet worden sind und ob bei ihnen nicht ein standgerichtliches Urteil vorgelegen hat, ist eine völlig andere Frage. Völkerrechtswidrig war es jedenfalls, eine schwangere Frau hinzurichten.«[69]

Der Mord an den Kindern belaste Pauly nur, weil er dafür einen Wagen zur Verfügung gestellt habe. »Mit den Scheußlichkeiten, die sich dann am Bullenhuser Damm zugetragen haben, hat Pauly nichts zu tun gehabt. Aus diesem Grunde erklärte Pauly, daß er auch in dieser Angelegenheit sich nicht schuldig bekennen könne.«[70]

Der Ankläger sah die Schuld Paulys und seiner Mittäter ganz anders.

»Pauly selbst hat erklärt, daß er Heißmeyer fernzuhalten wünschte, aber ohne Erfolg. Wie vereinbart sich diese Erklärung mit seiner späteren, daß er nichts von den medizinischen Experimenten an den Erwachsenen wußte? Dann begannen die Experimente an den unglücklichen Kindern. Es war eine einzige Heuchelei, mit der diese Kinder getäuscht wurden. Man gab ihnen Spielzeug, und das Leben wurde ihnen leicht gemacht, während ihnen gleichzeitig Tuberkulosebazillen injiziert wurden. Vier Wochen lang beobachteten die Leute des Stabes, besonders der Kommandant, der Standortarzt und der Lagerarzt, diese unglücklichen, mit Tbc infizierten Kinder in ihrem Gefängnis. Ich kann mir nichts Verächtlicheres vorstellen, nichts Ekelhafteres, als mit unwissenden Kindern zu experimentieren, und ich glaube nicht, daß ich darüber noch ein Wort mehr sagen muß.

Schließlich, als die Alliierten näher kamen, mußte über die Kinder entschieden werden. Pauly erhielt den Befehl und gab ihn über Thumann an Dr. Trzebinski, daß die Kinder exekutiert werden sollten. Sie werden sich an das Gespräch zwischen Dr. Trzebinski und Pauly erinnern, als der Kommandant zu ihm sagte: Doktor, was höre ich? Sie sind zu feige, die Kinder zu übernehmen?, als gehörte Mut dazu, zwanzig unwissende Kinder zu ermorden.

Schließlich haben Sie einen der schrecklichsten und grausigsten Berichte des ganzen Prozesses in allen Einzelheiten vom Zeugen Frahm und vom Angeklagten Trzebinski gehört. Ich möchte nicht all diese Schrecklichkeiten im Detail wiederholen. Die Kinder wurden zum Bullenhuser Damm gebracht und, wie immer Sie es ansehen wollen, wer auch den Befehl gab, wessen Idee es war, sie zu hängen oder zu vergiften, sie wurden kaltblütig ermordet in dem Keller in dieser Stadt hier. Dr. Trzebinski sagte meiner Meinung nach die Wahrheit, als er erklärte: ›Man kann Kinder nicht exekutieren, man kann sie nur ermorden.‹ Das war es, was er mit Hilfe von Frahm und anderen tat.«[71]

Zum Schluß faßte der Oberrichter Stirling vor der Urteilsberatung noch einmal zusammen: »Pauly sagt, der Exekutionsbefehl ging direkt an Dr. Trzebinski, und Dr. Trzebinski sagt, er habe diesen Befehl nie gesehen, und er ging an den Kommandanten. Man muß annehmen, daß ein Befehl dieser Art üblicherweise an den Kommandanten ging ... Jedenfalls sagte Trzebinski zu Strippel nochmals: Ich kann es nicht tun, aber ihm wurde geantwortet, er habe Paulys Befehlen zu gehorchen. Er sagt: Als wir ankamen, erwarteten uns Strippel, Jauch und Frahm. Strippel sagte: Es ist alles in Ordnung ... Von allen dunklen und grausamen Geschehnissen in der Geschichte der Konzentrationslager war der Tod der Kinder in diesem Keller eines der grausamsten. Wenn Dr. Trzebinski gemeinsam mit anderen am Tode der Kinder schuldig gewesen sein sollte, muß er eine angemessene Strafe erhalten.«[72]

Das Gericht ließ bei keinem Angeklagten Befehlsnotstand gelten. Am 3. Mai 1946, um 11.45 Uhr, gab Oberrichter C. L. Stirling die Urteile bekannt: »Max Pauly, das Gericht verurteilt Sie zum Tode durch Erhängen.« Alle, die am Kindermord beteiligt gewesen waren, wurden zum Tode verurteilt. Willi Dreimann, Adolf Speck und Alfred Trzebinski. Sieben andere KZ-Mörder wurden ebenfalls zum Tod durch Erhängen verurteilt. Dann brachte man die Verurteilten, die bisher im Gefängnis Altona untergebracht waren, ins Zuchthaus Fuhlsbüttel. Dort gab es damals noch Todeszellen für Verurteilte, die auf den Henker warten mußten. Fünf Monate hatten sie noch zu leben.

Max Pauly schrieb aus der Todeszelle an seinen Sohn: »Mein lieber, guter Junge. Sei ewig stolz, daß Du ein Deutscher bist, und verachte mit ganzer Kraft die, die dieses glatte Fehlurteil für richtig befunden haben ... Für mich ist es eine große Beruhigung, daß das deutsche Volk in seiner Masse diese verderbliche Lügenpropaganda in aller Eindeutigkeit ablehnt ... Denkt bitte an mein Leibgericht, an Pfannkuchen und an etwas Schokoladenpudding. Noch einmal richtig satt essen können. Kopf hoch, all Ihr Lieben, Euer getreuer Vater.«[73]

Dr. Alfred Trzebinski flüchtete sich in sein Tagebuch-»Ich«, in dem er die Rolle eines guten Menschen spielte. Er schildert eine ältere Ärztin, die im April 1945 mit den weißen Bussen des dänischen Roten Kreuzes nach Neuengamme gekommen war: »Sie stand am Lagertor, rauchte und blies aus geschminkten Lippen scheinbar gleichmütig den vorbeischleichenden Kreaturen die Rauchkringel ihrer Zigarre ins Gesicht. Auch im Konzentrationslager ist mir ein feines Empfinden für Taktgefühl niemals abhanden gekommen ... Ja, es ist schon so, daß die Wilden manchmal besser sind als übertünchte Taktlosigkeit.«

Für Wilhelm Dreimann schrieb seine Frau ein Gnadengesuch: »Daß mein Mann für diese Taten, die doch für ihn schließlich Befehle waren, mit dem Tode bestraft werden soll, kann ich nicht glauben. Durch dieses Urteil machen Sie mich und mein Kind fürs Leben unglücklich, und die Strafe trifft uns Unschuldige am härtesten. Wir, mein Kind und ich, bitten um Milde für meinen Mann und Vater und um Aufhebung des Todesurteils.«[74]

Der Oberste Richter der britischen Rheinarmee, Lord Russel of Liverpool, lehnte die Begnadigung ab. Am 26. August 1946 setzte der Oberbefehlshaber der britischen Rheinarmee seine Unterschrift unter die elf Todesurteile.

Fünf Wochen später, am 2. Oktober 1946, fuhr ein englischer Armeelastwagen vor dem Zuchthaus Fuhlsbüttel vor. Die Todeskandidaten mußten aufsteigen. Unter schwerer Bewachung fuhr das Kommando von Hamburg nach Hameln. Dort im Zuchthaus sollten die Hinrichtungen stattfinden.

Alfred Trzebinski schrieb einen Abschiedsbrief an seine Frau: »Ohne auch nur ein einziges Mal mitschuldig geworden zu sein, wurde ich in Dinge hineingezogen, denen ich bei meiner weichen Gemütsveranlagung so völlig fern stand, daß ich sie nicht nur strikt ablehnte, sondern darüber hinaus mit allen Kräften abzuwenden versuchte.

Trotz meiner einwandfreien, fairen und hilfsbereiten Haltung gegenüber den ehemaligen Häftlingen wurde von aufgehetzten, zu jedem Meineide bereiten kriminellen Elementen, skrupellosen Gewohnheitsverbrechern, im Gerichtssaale ein Zerrbild von mir konstruiert, das zwar auf das Gericht nicht überzeugend wirkte, trotzdem aber gern gehört wurde, da es ja in diesem Prozeß nur darum ging, neben den übrigen Angeklagten auch den Standortarzt von Neuengamme zu verurteilen, dieser mochte persönlich gewesen sein, wie er wollte, ob gut oder schlecht.

Das Gericht hat meinen eigenen Aussagen fast aufs Wort geglaubt, aber dieser Eindruck war für das Gericht völlig nebensächlich, denn der Standortarzt von Neuengamme war schon vor Beginn des Prozesses verurteilt, der konnte Trzebinski heißen oder Schulze, das war völlig egal ... Aber wenn ich Kindern, nach allen nur erdenklichen Versuchen, sie zu retten, und dann in der Erkenntnis, daß sie nicht zu retten sind, durch niemanden –, wenn ich dann diesen Kindern eine barmherzige schwache Morphiumspritze gebe, nicht um sie zu töten, sondern um ihnen ihre letzte Stunde zu erleichtern – bevor sie ihren Tod durch eine andere Hand fanden –, dann ist dieses ein Verbrechen.«[75]

Am Morgen des 8. Oktober 1946 führte der Gefängnispfarrer die ersten zwei Verurteilten in die Hinrichtungszelle. Anwesend waren der Gouverneur des Zuchthauses, Major Crapham, Captain Craig und der britische Henker Albert Pierrepoint mit seinem Gehilfen. Um 10.59 klappte der Eisenrost zum ersten Mal herunter, auf dem die Verurteilten gestanden hatten, die Schlinge um den Hals. Innerhalb vier Stunden wurden alle vierzig Minuten zwei Männer gehängt. Um 14.47 starb der letzte.

Über Willi Dreimanns letzte Stunde schrieb der Anstaltspastor Janssen an die Witwe: »Es wurde ihm so schwer, seine Lieben allein lassen zu müssen. In seiner letzten Nacht nahm Ihr Mann das Heilige Abendmahl. Ich hatte den Eindruck, daß es nach all den Irrungen des Lebens ihm ganz ernst damit war. Um des Kreuzestodes Jesu willen mag Er ihn in Gnaden angenommen haben, wenn er Ihn bat: Gott, sei mir Sünder gnädig.«

Dagegen waren Alfred Trzebinskis letzte Worte, nach den »Execution records« von Albert Pierrepoint, der uralt wurde und bis zu seinem Tode im Juli 1992 in Southport lebte: »Herr, vergib ihnen, denn sie wissen nicht, was sie tun!« Drei Beschuldigte waren dem Henker entgangen. Arnold Strippel, Dr. Hans Klein und Dr. Kurt Heißmeyer.

Vielleicht wäre Dr. Kurt Heißmeyer niemals für seine Verbrechen an den Kindern bestraft worden, hätte nicht am 21. Mai 1959 ein pensionierter Diplomvolkswirt aus Hannover den »Stern« gekauft. Im Leitartikel »Lieber ›Stern‹-Leser« beklagte der Redakteur Jürgen von Kornatzky, daß bundesdeutschen Schulkindern die Naziverbrechen verschwiegen werden:

»Man müßte zum Beispiel den Kindern im Unterricht erzählen, was vor rund vierzehn Jahren in einer Schule Hamburgs geschah, die damals ein Außenkommando des Konzentrationslagers Neuengamme war. Dort lebten hinter dem Stacheldraht zehn Knaben und zehn Mädchen aus jüdischen Familien im Alter von vier bis zwölf Jahren, und die dienten dem SS-Arzt Dr. Heißmeyer als lebender Nährboden bei Experimenten mit Tuberkulosebakterien.«

Der Diplomvolkswirt kannte den Namen Heißmeyer. Er fragte in einem Brief an Hans Schwarz, den Generalsekretär der »Amicale Internationale de Neuengamme«, ob der im »Stern« genannte Dr. Heißmeyer »personengleich ist mit dem Lungenfacharzt Dr. Kurt Heißmeyer in Magdeburg, Gellertstraße 12. Der Letztgenannte ist – soweit bekannt – geboren am 26.12.1905, s.Zt. nach Magdeburg geflüchtet (woher – nicht bekannt), seine Ehefrau Eva H. (Pastorentochter), geb. 1911.«

Hans Schwarz leitete den Auftrag weiter an das Komitee der antifaschistischen Widerstandskämpfer in der DDR.

Am Morgen des 13. Dezember 1964 klingelten Beamte des Generalstaatsanwalts der DDR in der Gellertstraße 12 bei Heißmeyer. Sie zeigten einen Haftbefehl vor: Verdacht des Verbrechens gegen die Menschlichkeit. Der Arzt mußte seine Sachen packen. Dann nahmen sie ihn im Wagen mit und brachten ihn nach Berlin in das Untersuchungsgefängnis Magdalenenstr. 14.

Drei Tage später besuchte Frau Eva-Renate Heißmeyer den Rechtsanwalt Dr. Wolfgang Vogel in Berlin-Friedrichsfelde und übertrug ihm die Verteidigung ihres Mannes. Vogel lernte einen jener erfolgreichen Provinzärzte kennen, die damals in der ärztearmen DDR schnell zu bürgerlichem Wohlstand und Ansehen kommen konnten. Heißmeyer hatte eine große Praxis und besaß die einzige Tuberkulose-Privatklinik in der DDR. Er wohnte in einem schönen Haus, das ihm gehörte, angefüllt mit kostbaren Möbeln, Antiquitäten, Bildern, Teppichen. Eine Pastorentochter und ein Landarztsohn hatten sich eine heile Familie aufgebaut. Die drei Kinder waren ausreichend versorgt: Der Arzt hatte den zwei Jungen und der Tochter eigene Häuser gekauft.

Dr. Kurt Heißmeyer, der am zweiten Weihnachtstag jenes Jahres 59 Jahre alt wurde, galt in Magdeburg als guter Arzt. Er war immer da für seine Patienten, und schnell kam das Gerücht auf, Heißmeyer sei nur wegen seiner politischen Gesinnung verhaftet worden. Ein Rechter war er, das wußte man. Aufgewachsen in einem reaktionären Elternhaus im thüringischen Sandershausen, alle Familienmitglieder mehr oder weniger dem Faschismus zugeneigt. Der Onkel August sogar SS-General und Ehemann der Reichsfrauenführerin Gertrud Scholz-Klink. Als Student in Marburg trat Kurt Heißmeyer der schlagenden Verbindung »Arminia« bei und schrieb darüber später in seinem Lebenslauf: »Nach meiner Überzeugung waren die Zustände in der Weimarer Republik untragbar. Um so mehr fühlte ich mich daher mit den Zielen der Burschenschaft verbunden, die in den Losungen ›Gott – Freiheit – Vaterland‹ und in den Parolen von Manneszucht und Mannesehre zum Ausdruck kamen.«

Ein Antisemit, früh der Partei Hitlers beigetreten, später als Sonderführer in der SS – das war nicht der ideale Bürger eines Arbeiter- und Bauernstaates. Aber Kurt Heißmeyer ein Verbrecher?

Zuerst stritt er alles ab, was man ihm vorwarf. Verbrecherische Menschenversuche? Er habe zwar Versuche gemacht, aber streng nach der ärztlichen Ethik. Dafür könne er heute noch Beweise liefern. Denn sein Versuchsmaterial habe er im April 1945 in einer Kiste im Garten seines Hauses in Hohenlychen vergraben. Die Kiste müsse auch jetzt noch, neunzehn Jahre nach Kriegsende, unbeschädigt sein, denn sie sei mit Zink ausgeschlagen und ungefähr sechzig mal zwanzig mal dreißig Zentimeter groß.

Die Staatsanwälte Nienkirchen und Friedrich fuhren mit Heißmeyer nach Hohenlychen. Das ehemalige SS-Sanatorium war von der Roten Armee beschlagnahmt worden und nun ein Erholungsheim für Soldaten. Heißmeyer zeigte dem sowjetischen Pioniertrupp die Stelle, an der er die Kiste vergraben hatte. Das Gerät sprach auf Metall an. Die Kiste wurde geborgen.

Heißmeyer hatte nicht gelogen. Die Kiste wurde ausgegraben. Silberbestecke waren darin. Ein Fotoalbum »Unser Kind« mit Bildern des ältesten Sohnes. Der Entwurf einer wissenschaftlichen Arbeit. Dosen mit Kleinbildfilmen. Röntgenaufnahmen. Fieberkurven. Ein Porzellanteller, Sonderanfertigung der SS mit Inschrift: »Und von allen Sternen nieder strömt ein wunderbarer Segen, daß die müden Kräfte wieder sich in neuer Frische regen, und aus seinen Finsternissen tritt der Herr, so weit er kann, und die Fäden, die zerrissen, knüpft er wieder an. Aus: Die Weihe der Nacht, Hebbel.« Auf der Rückseite stand: »1944. Ihnen und Ihrer Sippe wünsche ich ein gesegnetes Julfest und ein gutes neues Jahr. Pohl, SS-Obergruppenführer und General der Waffen-SS.«

Es war das gleiche gesegnete Julfest, zu dem die Neuengammer Häftlinge den »Heißmeyer-Kindern« Holzspielzeug und Karamelbonbons geschenkt hatten, um sie in ihrem Leid zu trösten. Die Solidarität der einen, die Solidarität der anderen.

Die Röntgenaufnahmen wurden in der Berliner Charité von Oberarzt Dr. Schubert begutachtet. Der stellte bei drei Bildern Veränderungen fest, die wahrscheinlich durch eine »Lungenimpfung« hervorgerufen waren:

»Fall Nr. 10066 Morgenstern, Jacqueline (Sonde?). Die re. Lunge ist anscheinend frei von Veränderungen. Li. ist das Zwerchfell durch eine dichte, nach seitlich ansteigende Verschattung des Lungengebietes vom Zwerchfell bis zum vorderen Anteil der 4. Rippe nicht zu erkennen … Es ist nicht ausgeschlossen, daß dieser Befund durch eine ›Lungenimpfung‹, durch Einfüllen von Tuberkulosebakterien in die li. Lunge, entstanden ist.«

Ähnlich war der Befund bei Lelka Birnbaum (»…dichte Verschattung im re. Unterfeld auf ähnliche Weise wie bei den Erwachsenen durch Lungenimpfung mittels Einfüllung von Tuberkulosebakterien entstanden…«) und bei Sergio de Simone (»… Der Befund könnte sehr wohl durch eine ›Lungenimpfung‹ erzeugt worden sein…«)

Das war kein Entlastungsmaterial. Das waren Beweise für seine Verbrechen gegen die Menschlichkeit. Damals wurden sie in der DDR noch mit der Todesstrafe bedroht. (Sie ist 1987 offiziell abgeschafft worden.) Daß dies keine leere Drohung war, wußte Heißmeyers Anwalt Dr. Wolfgang Vogel aus eigener Erfahrung: Sein früherer Mandant, der KZ-Arzt Dr. Horst Fischer, war wegen der Selektionen im KZ Auschwitz-Monowitz, der Kautschukfabrik von IG Farben, in der DDR zum Tode verurteilt und hingerichtet worden.

Heißmeyer versuchte nicht mehr, seine Verbrechen abzustreiten. Er gestand in der Vernehmung vom 10. März 1964 ein, daß er die Menschen als Versuchstiere angesehen hatte.

Staatsanwalt: »Weshalb führten Sie Ihre Versuche in einem KZ-Lager durch?«

Heißmeyer: »Mir war klar, daß die Anwendung des mir zur Verfügung stehenden Serums bei Menschen eigentlich wegen der möglichen Folgen nicht zu verantworten war. Im KZ-Lager glaubte ich dies verantworten zu können, weil auch ich, entsprechend meiner damaligen bejahenden Haltung zum Nationalsozialismus, in den Häftlingen des KZ-Lagers Menschen zweiter Klasse sah. Ich wußte, daß die Häftlinge und Kinder im KZ-Lager der SS ausgeliefert waren, weshalb ich sie auch nicht erst zu befragen brauchte, ob sie sich für medizinische Versuche zur Verfügung stellen. Bei einem negativen Ausgang der Experimente hätten sich für mich keinerlei strafrechtliche Folgen ergeben. Die Versuche wurden außerdem in einem KZ-Lager vorgenommen, weil solche Experimente, bei denen gewissermaßen Menschen anstelle von Tieren benutzt worden sind, nicht für die Öffentlichkeit bestimmt waren.«[76]

In einer anderen Vernehmung sagte Heißmeyer dazu noch: »Um diese eventuellen Folgen nicht bekanntwerden zu lassen, führte ich meine Versuche in einem KZ-Lager durch. Meine damalige Einstellung war ja so, daß auch ich in den Häftlingen des KZ-Lagers nicht vollwertige Menschen sah.«

Hat er mit dem Tod seiner Versuchspersonen gerechnet?

Heißmeyer: »Die Häftlinge des KZ-Lagers Neuengamme sowie die auf meine Veranlassung im Herbst 1944 dorthin gebrachten Kinder waren für mich nur Versuchsobjekte. Dazu muß ich auch erklären, daß Häftlinge an den Folgen der von mir vorgenommenen Versuche schneller, als es sonst vielleicht der Fall gewesen ist, gestorben sind.«

Speziell zu den Versuchen an Kindern wurde Dr. Heißmeyer am 6. April 1964 vernommen.

Heißmeyer: »Ich bin mir heute bewußt, mit diesen Experimenten an den Kindern – ich möchte sagen – ein Verbrechen gegen die Menschlichkeit begangen zu haben, denn die Kinder waren völlig wehrlos, und meine Versuche hätten eigentlich der Zustimmung der Sorgeberechtigten bedurft. Damals sind mir diesbezüglich aber keinerlei Bedenken gekommen, was daraus zu erklären war, daß ich entsprechend meiner damaligen faschistischen Überzeugung die Häftlinge des KZ-Lagers, also auch die Kinder, nicht in dem Maße als vollwertige Menschen ansah.«

Das KZ – ein Segen für die Patienten

Im Januar 1965 waren die Vernehmungen im wesentlichen abgeschlossen. Der Staatsanwalt fragte Dr. Heißmeyer, ob er zu seinen Menschenexperimenten eine eigene Einschätzung abgeben wolle. Am 19. Januar 1965 formulierte der Arzt eine »Stellungnahme zu den von mir im Konzentrationslager Neuengamme durchgeführten medizinischen Experimenten«. Sie liest sich so, als hätten die entsetzlichen Menschenversuche dem Wohl der Menschheit gedient:

»Ich war damals davon überzeugt, jene zum Tode Verurteilten würden ihrem Schicksal nicht entgehen, ganz gleich, ob Versuche durchgeführt würden oder nicht. An dieser Stelle bin ich des Glaubens, daß ich diese Versuche als solche auch schon damals an einer öffentlichen Anstalt hätte durchführen dürfen, ohne mich deshalb strafbar zu machen. Stets habe ich das Bewußtsein gehabt, in Neuengamme wertvolle Erkenntnisse gesammelt zu haben, die meinen späteren Kranken zugute gekommen sind und die sich bei ihnen zum vielfachen Segen ausgewirkt haben.

Nicht zuletzt habe ich in Neuengamme gelernt, seelische Vorgänge zu beachten, so paradox es erscheinen mag. Wenn ich überhaupt ein guter Arzt geworden sein sollte, so dürfte meine Stärke in der Beachtung derartiger Vorgänge zu suchen sein, so daß ich auch hierin einen Teil davon Neuengamme zu danken habe. Das, was ich dort lernte, haben andere Fachkollegen der freien Praxis sich oft unter schwierigen Verhältnissen und ohne die Möglichkeit klinischer Beobachtungen aneignen müssen; in der Anfangszeit nicht immer zum Segen der Kranken.«

Heißmeyer warf also seinen Kollegen geringere Erfahrung vor, weil sie nicht im Konzentrationslager Menschenversuche gemacht hatten. Er wollte in dem Verbrechen nachträglich einen »Sinn« erkennen.

Nach anderthalb Jahren Untersuchungshaft wurde Dr. Kurt Heißmeyer am 21. Juni 1966 vor dem Bezirksgericht Magdeburg der Prozeß gemacht. Die Anklage hieß nicht Mord, sie hieß »Verbrechen gegen die Menschlichkeit«. In der DDR war, anders als in der Bundesrepublik, das »Londoner Statut für den Internationalen Militärgerichtshof« vom 8. August 1945 unmittelbar geltendes Recht. Dieses Statut schuf nach dem Ende des Naziregimes die Rechtsgrundlage zur »gerechten und schnellen Aburteilung und Bestrafung der Hauptkriegsverbrecher«. Außer den vier Signatarstaaten Großbritannien, USA, Frankreich und Sowjetunion waren weitere neunzehn Mitgliedsstaaten der Vereinten Nationen diesem Abkommen beigetreten, die Bundesrepublik nicht. Im Artikel 6, Absatz c des Statuts werden »Verbrechen gegen die Menschlichkeit, nämlich Mord, Ausrottung, Versklavung, Deportation oder andere unmenschliche Handlungen« unter Strafe gestellt.

Heißmeyer schilderte dem Gericht, wie er zur SS gekommen war: 1933 Ausbildung, erst in Freiburg, dann in der berühmten schweizerischen Hochgebirgsklinik Davos-Clavadel. Assistenzarzt im Berliner Auguste-Victoria-Krankenhaus. Seit 1938 Oberarzt im Tuberkulose-Sanatorium Hohenlychen in der Uckermark, das dann von der SS übernommen wurde.

»Ich habe mich gefragt, wie kann jemand immer Oberarzt sein«, erinnert sich Heißmeyers Kollege und Mittäter Professor Hans Klein, der damals die Pathologie von Hohenlychen leitete. »Er war schon älter als ich, schwerfällig. Sein Gesicht war wenig differenziert. Er konnte sich nicht intellektuell ausdrücken. Heißmeyer wurde nicht zum Chefarzt Professor Gebhardt eingeladen, nicht einmal zu irgendwelchen Veranstaltungen. Er lief nebenher. Der einzige Schutz, den er hatte, war sein Onkel August, der SS-Obergruppenführer. Gebhardt hat Heißmeyer nie gemocht und nur geduldet, weil er ihn dulden mußte. Heißmeyer litt darunter, er wollte gern mehr sein. Er stand immer unter Druck. Alle wurden etwas, nur er nicht.«

Der wissenschaftliche Wert eines Arztes wurde und wird an der Zahl und der Qualität seiner Veröffentlichungen gemessen. Heißmeyer konnte außer zwei kleinen Arbeiten, die beide von laienhafter Unwissenheit zeugten, nichts vorzeigen. Um etwas zu werden, mußte er das tun, was »alle« in seiner Umgebung taten: Menschenversuche. Das »Material« stand ihm und seinen Kollegen wehrlos in den nahen Konzentrationslagern Ravensbrück und Sachsenhausen zur Verfügung. Sein Chef, Professor Karl Gebhardt,[77] machte zum Beispiel Versuche zur Heilung des Gasbrandes, der nach Schußverletzungen auftritt. Dabei ließen die Ärzte auch auf ihre Patienten schießen, um »den herrschenden Bedingungen an der Front« zu entsprechen, wie es Gebhardts Oberarzt Dr. Fritz Fischer ausdrückte. Seine Kollegin Dr. Hertha Oberheuser arbeitete an der Heilung künstlich hervorgerufener Knochenbrüche. Den Frauen wurden auf dem Operationstisch mit einem Hammer beide Unterschenkel zerschlagen. Und Dr. Stumpfegger experimentierte mit Knochenübertragungen von Häftlingen auf verwundete SS-Leute, wobei einmal sogar ein ganzes Schulterblatt auf einen Verwundeten namens Franz Ladisch übertragen wurde. Die Häftlinge wurden nach der Knochenentnahme sofort zu Tode gespritzt.

Auch Dr. Heißmeyer mußte »wissenschaftlich« arbeiten, denn ohne die Vorlage einer solchen Arbeit über eigene Experimente konnte er weder Privatdozent noch Professor werden. Er wollte die Theorie von Robert Koch und Rudolf Virchow widerlegen, daß die Tuberkulose eine reine Infektionskrankheit ist. Kurt Heißmeyer behauptete, nur ein »erschöpfter« Organismus sei für solche Ansteckungen empfänglich, vor allem aber der »rassisch minderwertige« Organismus der Juden. Deshalb brauchte er für seine Experimente jüdische Versuchspersonen.

Moralische Hemmungen vor solchen Menschenversuchen hatte er nicht, denn: »Nach Schaffung der weltanschaulichen Theorie von Volk und Rasse ist es unvereinbar, die Entstehung der menschlichen Tuberkulose an Tierversuchen abzuleiten, denn dann wird die Konstitution des Tieres der des Menschen gleichgesetzt.« Das schrieb er 1943 in einer Ausarbeitung, die »von der gesamten Konzeption her sehr primitiv ist und durchaus von einem weniger begabten Laien geschrieben worden sein könnte«, urteilte der Gerichtsmediziner Professor Otto Prokop.

In der Magdeburger Gerichtsverhandlung wurde die medizinische Unkenntnis des Angeklagten besonders deutlich. Prokop fragte ihn: »Wo haben Sie Ihre immunologischen Kenntnisse erworben?«

Heißmeyer konnte nichts antworten.

Prokop fragte: »Wer waren Ihre Lehrer in Mikrobiologie und Immunologie?«

Heißmeyer konnte keinen Namen nennen.

Prokop fragte: »Welche wissenschaftlichen Lehrbücher über Bakteriologie haben Sie gelesen?«

Heißmeyer wußte keins.

Prokop: »Nennen Sie doch irgendeinen Titel.«

Heißmeyer fiel keiner ein.

Prokop: »Warum haben Sie diese Versuche gemacht?«

Heißmeyer: »Man mußte erproben, ob es eine Immunisierung gegen die Tuberkulose gibt.«

Prokop: »Wenn Sie der Ansicht waren, daß Juden anfälliger gegen Tuberkulose sind als Arier, warum haben Sie dann überhaupt Versuche mit Juden gemacht? Diese Ergebnisse ließen sich doch nach Ihrer Theorie gar nicht auf Arier übertragen. Warum haben Sie keine Versuchstiere genommen?«

Heißmeyer: »Für mich gab es keinen prinzipiellen Unterschied zwischen Menschen und Versuchstieren.«

Dann korrigierte er sich: »Zwischen Juden und Versuchstieren.«

Er berief sich darauf, daß die beiden österreichischen Tuberkulose-Forscher H. und A. Kutschera-Aichbergen, Vater und Sohn, zwischen 1929 und 1941 ähnliche Tuberkulose-Experimente unternommen hatten. Doch die Versuche hatten keine Erfolge gebracht und galten zu der Zeit, als Heißmeyer zu arbeiten begann, als wissenschaftlich überholt. Nie hatten die Österreicher an Gesunden experimentiert, schon gar nicht an Kindern. Und durch nichts war die quälende und lebensgefährliche Lungenimpfung mit lebenden Bakterienstämmen zu rechtfertigen. »Es besteht nicht der geringste Anhaltspunkt für die Annahme, daß etwa eine Einbringung virulenter Tuberkelbazillen in die Lunge irgend einen Nutzen haben könnte«, schrieb A. Kutschera-Aichbergen entsetzt, als er davon hörte, daß Heißmeyer sich auf ihn berief.[78]

Daß sie wirklich keinen Nutzen hatte, mußte Heißmeyer selbst zugeben. Er wußte von der Sinnlosigkeit seiner Versuche spätestens, als im Oktober 1944 die Experimente mit den erwachsenen Gefangenen beendet waren. Er hatte die Erfolglosigkeit seiner Experimente ja selbst erkannt und niedergeschrieben. Trotzdem hatte er aus Auschwitz die Kinder angefordert und einem Tod ausgesetzt, den er selbst für sinnlos hielt.

Daß die Kinder ermordet wurden, habe er erst nach dem Kriege erfahren: »Diese Versuche liefen bis April 1945, dann wurden mir die Kinder weggenommen und, wie ich nach Beendigung des großen Weltkriegs durch das Buch ›Geißel der Menschheit‹[79] erfuhr, durch die SS ermordet.«

»Ich habe Schlimmeres nicht gesehen«

Der erfahrene Gerichtsmediziner Professor Otto Prokop hatte vier Monate an seinem Gutachten über »Die Menschenexperimente des Dr. med. Heißmeyer« gearbeitet.[80] »Es war für mich ein Schlüsselerlebnis. Mir sind zum erstenmal die Verbrechen der Nazis klargeworden«, berichtete er später. »Ich habe in meiner gerichtsärztlichen Praxis Schlimmeres nicht gesehen. Als meine Sekretärin die Geschichte der Kinder und deren Ende niederschreiben mußte, weinte sie laut, und das bedeutet schon etwas, wenn Sie bedenken, daß sie gewohnt war, bei Leichenöffnungen zu protokollieren.«[81]

Prokop wußte auch, daß sein Gutachten politische Bedeutung hatte. Viele Ärzte standen dem Staat DDR skeptisch gegenüber. Es war ihnen nicht klar, ob Heißmeyer wirklich Verbrechen begangen hatte oder wegen seiner reaktionären Vergangenheit vor Gericht gestellt worden war. Die Magdeburger Ärztekammer hatte zwar Beobachter in den Zuschauerraum geschickt. Aber Prokop stellte sich dem ganzen Gremium seiner Kollegen: Nach dem Urteil hielt er im vollbesetzten Saal des Magdeburger Hotels »International« einen Vortrag über Heißmeyers Experimente: »Sein Verlangen auf die Vornahme von Versuchen mit Tuberkuloseerregern an Menschen widersprach allgemein den grundlegenden ethischen und Sorgfaltspflichten des Arztes, auch nach den damals maßgeblichen Bestimmungen und offiziellen Anschauungen. In dem Rundschreiben des Reichsministers des Innern vom 18. Februar 1931 … wird grundsätzlich festgelegt, daß jede neuartige Heilbehandlung mit den Grundsätzen der ärztlichen Ethik und den Trägern der ärztlichen Kunst und Wissenschaft in Einklang stehen muß ... Versuche an Kindern oder Jugendlichen seien unstatthaft, wenn sie diese auch nur im geringsten gefährden.«

Dann zitierte Prokop aus seinem Gutachten, das er dem Gericht vorgetragen hatte:

»Ein Wesenszug der Versuche Heißmeyers ist die außergewöhnliche Unbekümmertheit, mit der er seine Versuche angestellt hat. Hinzu kommt aber eine groteske allgemeine Unwissenheit auf medizinischem Gebiet. Er verfügt weder heute, noch verfügte er damals über das nötige fachliche Wissen, das einem Facharzt für Tuberkuloseerkrankungen zumutbar ist. Der Angeklagte hat – so in der Hauptverhandlung – keine Kenntnis von Mendel-Mantoux gezeigt. Es war ihm der Name fremd, er wußte nichts von dem Impfstoff nach Boehma, und er konnte auch kein einziges Lehrbuch der Bakteriologie nennen, das er seinen damaligen Untersuchungen hätte zugrunde legen können, und er kennt auch kein modernes Lehrbuch der Bakteriologie. Er war auch nicht mit der bakteriologischen Arbeitsmethodik vertraut. Weder er noch sein Heilgehilfe Kirst[82] haben bei der Herstellung von Bakteriensuspensionen Schutzmasken getragen. Die Kulturen, die verwendet wurden, standen im Laborraum zum Teil frei herum. So konnte einer der französischen Professoren mitunter Kulturen abkochen, um sie unwirksam zu machen ... Bei den Verhältnissen in der Versuchsbaracke aber bestand überall Infektionsgefahr. Es wurde zwar von Zeit zu Zeit desinfiziert, doch mit Mitteln, die bei Tbc unzureichend waren ... So kann in den Versuchen keinerlei ärztliches Bemühen und keinerlei ärztliche Gesinnung mehr erkannt werden ... Die von Prof. Steinbrück, Dr. Schubert und Dr. Landmann ausführlich vorgetragenen Daten aus den Krankenpapieren beweisen, daß die Experimente für die Wissenschaft keinen Wert hatten und in keiner Position eine Bereicherung darstellen ... Nach dem eigenen Geständnis ging es Heißmeyer nicht um die Heilung der ihm für die Versuche zur Verfügung gestellten Häftlinge. Er glaubte auch nicht an ein therapeutisches Ergebnis seiner Experimente und rechnete mit einem für die Versuchspersonen schädlichen Ausgang seiner Eingriffe und der Möglichkeit der Todesfolge für die Häftlinge. Unter den Bedingungen des Konzentrationslagers fürchtete Heißmeyer nicht, für die Folgen zur Verantwortung gezogen zu werden, weil sich seine persönlichen Interessen mit denen der faschistischen Machthaber deckten.«[83]

Gegen Heißmeyer richtete sich auch der Verdacht, die SS-Führung in Berlin zum Mord an den Kindern angestiftet zu haben, um die Spuren seiner Verbrechen zu beseitigen. Der Kommandant Pauly hatte diesen Verdacht im Curiohaus-Prozeß ausgesprochen.

Doch Heißmeyer bestritt das. Mit der Tötung habe er nichts zu tun gehabt. Er sei am 21. April 1945 vor der herannahenden Roten Armee aus Hohenlychen geflüchtet. In Zivil und unter falschem Namen. Später kehrte er zu seinem Vater nach Sandershausen in Thüringen zurück und half ihm eine Zeitlang in dessen Landarztpraxis. Dann ging Dr. Kurt Heißmeyer unter seinem richtigen Namen nach Magdeburg und eröffnete in der Gellertstraße 12 eine Praxis als Lungenfacharzt. Er begann ein neues Leben. Es war wirklich ein neues Leben. Der Dr. Kurt Heißmeyer, Lungenfacharzt in Magdeburg, schien mit dem SS-Arzt Heißmeyer nichts gemein zu haben.

Verteidiger Vogel: »Rund 20 Jahre hindurch hat der Angeklagte unbestreitbar das Gegenteil von dem getan, was ihn auf die Anklagebank gebracht hat.«

Ein Dutzend Patienten erklärte dem Gericht, Heißmeyer habe ihnen Leben und Gesundheit gerettet. Zeuge Erich Albrecht aus Magdeburg: »Durch die gewissenhafte Behandlung durch Herrn Dr. Heißmeyer bin ich trotz meines Alters, 68 Jahre, noch in der Lage, eine leitende Tätigkeit in einem Volkseigenen

Betrieb auszuüben.« Zeuge Siegfried Schubert: »Dank der sofort einsetzenden Behandlung, die sieben Jahre dauerte, konnte mir Dr. Heißmeyer mein Leben retten.« Zeugin Margarete Nieke aus Magdeburg: »Hoffnungslos und mit einer großen Kaverne in der Lunge suchte ich bei Dr. Heißmeyer Hilfe, und ich fand sie auch.« Zeugin Liesbeth Paul: »Ich verdanke Dr. Heißmeyer mein Leben, sonst wäre ich schon lange nicht mehr. Er war wie ein Vater zu uns Kranken.« Zeugin Erna Heiges: »Zu jeder Tages- und Nachtzeit war Dr. Heißmeyer bereit, ärztliche Hilfe zu leisten. Ihm verdanke ich, daß ich heute wieder meiner Arbeit nachgehen kann.«

Zwei Personen standen da vor dem Magdeburger Gericht: ein aufopferungsvoller Arzt unter dem einen Regime – ein menschenverachtender Verbrecher unter dem anderen. Er war das Ebenbild von Tausenden, die einem Verbrechersystem keinen Widerstand entgegensetzten. Ihm fehlte der Maßstab der Menschlichkeit. Mit Leuten wie ihm können Diktaturen rechnen.

»Er sitzt nicht als Akteur des faschistischen Vernichtungsprogramms auf der Anklagebank«, plädierte sein Verteidiger Dr. Wolfgang Vogel. »Er war nicht Henker im weißen Kittel, nicht Standortarzt. Ihm ging es nicht um die Mitwirkung an der Endlösung der Judenfrage. Ihm ging es um freie Bahn für seine pseudowissenschaftliche Besessenheit, die sein ärztliches Ethos so weit verdorben hatte, daß er nichts dabei fand, den Menschen einem Kaninchen gleichzustellen. Diese Besessenheit ist, wenn er es auch nicht zugibt, auf die Jagd nach akademischen Meriten zurückzuführen.«

Der braune Rahmen für den weißen Kittel

Diese Jagd nach Anerkennung sei typisch für eine bestimmte und große Schicht des deutschen Bürgertums, sagte der Verteidiger im Plädoyer. »Der Angeklagte war nicht nur als Mensch, sondern auch als Arzt durch seine nationalistische und später profaschistische Umgebung geformt. Nationalistisch erzogen. Eingebleut, das deutsche Volk sei für eine Republik nicht reif. 1937 NSDAP. Veröffentlichte Artikel über Volk und Rasse. Und er selbst sagt heute über sich, ich sah in Hitler eine geeignete, starke Persönlichkeit. Die Rassenpolitik gegen die Juden fand ich richtig. Der Krieg gegen die Sowjetunion erschien mir als eine Fortsetzung des Kampfes mit anderen Waffen. Ich bin, das zur Krönung, durch Hohenlychen mehr und mehr nationalistisch geworden. Von Hitler angefangen über Himmler, Hess und so weiter war das ganze Konvolut der Nazis in Hohenlychen mit von der Partie. Zwölf Kilometer entfernt ein KZ: Dieser braune Rahmen konnte nicht ohne Einfluß auf die Gesinnung und das Verhalten des Angeklagten bleiben. Die Atmosphäre in Hohenlychen hat der Chefarzt Gebhardt selbst durch seinen Lieblingsspruch der Nachwelt erhalten: Wer Charakter hat, der geht. Wer keinen hat, bleibt mein Knecht. Mithin sei uns die Feststellung erlaubt: Er war das Produkt seiner Zeit, auch als Arzt im weißen Kittel.«

So zeichnete Dr. Wolfgang Vogel nicht das Bild eines geborenen Verbrechers, eines Teufels, sondern das eines weichen Durchschnittsbürgers aus jener Schicht, die ihrem Staat bis ins letzte Verbrechen treu ist. Man sollte das in der Bundesrepublik Deutschland nicht vergessen, die ehemalige Nazis zu Ministerpräsidenten (Beispiel: Filbinger), zu Bundeskanzlern (Beispiel: Kiesinger) und Bundespräsidenten (Beispiel: Lübke) machte. Und die jahrelang kommunistische Briefträger, Lehrer und Lokomotivführer aus dem Staatsdienst entfernte.

Heißmeyers Schuld am Tode der Kinder sei nicht erwiesen, faßte Dr. Vogel zusammen, denn: »Für die strafrechtliche Verantwortlichkeit des Angeklagten reicht es nicht aus, damit zu argumentieren, daß ja durch die Versuche an den Kindern objektiv eine Ursache für den Mord gesetzt worden ist. Die Kausalität im Strafrecht ist nicht nur objektiv faßbar. Die Einheit mit der subjektiven Seite eines Straftatbestandes ist das Entscheidende, und diese Übereinstimmung fehlt im Ergebnis der Beweisaufnahme auch für die Ermordung der jüdischen Kinder.«

Dagegen gab Dr. Vogel zu, daß Heißmeyers Experimente an den Erwachsenen in drei Fällen schuld an deren Tod gewesen seien: »Angesichts des Beweismaterials, angesichts der Sachverständigengutachten, angesichts der Zeugenaussagen, aber auch angesichts der Einlassungen des Angeklagten sind wir außerstande, diese Auffassung der Herren Staatsanwälte zu entkräften. Nur haben wir pflichtgemäß darauf hinzuweisen, daß sich die drei Todesfälle nach den Normen des Strafgesetzbuches nicht als Mord qualifizieren.« Deshalb beantragte Verteidiger Dr. Vogel, den Angeklagten Heißmeyer nicht zum Tode und nicht zu lebenslanger Haft, sondern zu einer Freiheitsstrafe zu verurteilen.

Was Heißmeyer in seinem Schlußwort zu sagen hatte, das war bereits im Protokoll seiner letzten »Stellungnahme« festgelegt: »Es bleibt die Tatsache, Gesunde krank gemacht zu haben. Dessen bin ich mir auch bewußt. Wenn ich trotzdem zwanzig Jahre später nicht das Reuegefühl aufbringen kann, was vielleicht von mir erwünscht und erwartet wird, dann angesichts der Tatsache, daß zwanzig Jahre dazwischen liegen und daß ich in diesen zwanzig Jahren nicht untätig war. Außerdem erwarte ich, daß bei einer gerechten Beurteilung die schlechten Fälle den guten gegenübergestellt werden, und dann dürfte wohl der Beweis erbracht sein, mehr Kranken geholfen als nicht geholfen zu haben. Hinzu kommt meine Überzeugung, mit diesen Versuchen nichts Schlechtes gewollt und auch nichts Schlechtes getan zu haben, wenn das Konzentrationslager dabei ausgeklammert wird.«

Nach sechs Verhandlungstagen sprach das Bezirksgericht am 30. Juni 1966 sein Urteil: Dr. Kurt Heißmeyer wurde mit lebenslangem Zuchthaus bestraft: »Bei den Eingriffen an den Kindern hat der Angeklagte keinerlei menschliche Regungen empfunden, da er nach seinen eigenen Einlassungen aufgrund seiner faschistischen Einstellung keinen Unterschied zwischen seinen Versuchstieren und einem jüdischen Kind sah.«

Dr. Kurt Heißmeyer war damals sechzig Jahre alt. Er kam ins Zuchthaus Bautzen. Sein Anwalt Vogel erinnert sich: »Ungefähr ein Jahr nach dem Urteil kam Frau Eva Heißmeyer zu mir und beauftragte mich, ein Gnadengesuch für ihren Mann einzureichen, weil er herzkrank sei. Da kam die Nachricht von seinem Tode.« Am 29. August 1967 starb Kurt Heißmeyer an einem Herzinfarkt.

Seine beiden Söhne sind ebenfalls Ärzte geworden. Aufgewachsen sind sie und ihre Schwester zusammen mit einem tuberkulosekranken Jungen, den die Heißmeyers als Pflegekind angenommen hatten. Einer der beiden Söhne sagt über die Tat seines Vaters: »Ich bin damit immer noch nicht fertig. Wie konnte ein Mann, der Kinder so liebte, so etwas tun?«

EINE BLUTSPUR DURCH EUROPA

Als hätte es Neuengamme nie gegeben

Im Januar 1964 erhielt der Hamburger Oberstaatsanwalt Dr. Helmut Münzberg aus Frankfurt ein Schreiben des Vorsitzenden der »Arbeitsgemeinschaft Buchenwald«, Rudolf Gottschalk: »Es würde uns interessieren, zu erfahren, ob gegen den ehemaligen SS-Hauptsturmführer Strippel[84] wegen seiner maßgeblichen Beteiligung an dem Kindermord in der Hamburger Schule Bullenhuser Damm ermittelt beziehungsweise ein Strafverfahren eingeleitet worden ist und mit welchem Ergebnis.« Dem Brief beigefügt war ein Heft »Die Glocke vom Ettersberg. Zeitschrift der ehemaligen Häftlinge des Konzentrationslager Buchenwald auf dem Ettersberg bei Weimar«.

Unter der Überschrift »Die Elite der deutschen Nation« wurde dort über den SS-Führer Strippel und seine Beteiligung am Kindermord vom Bullenhuser Damm berichtet: »Die Kindermörder sind, soweit man ihrer habhaft werden konnte, am Strang gestorben. Doch in keinem der Neuengamme-Prozesse, auch nicht in dem sogenannten Drütte-Prozeß vor dem englischen Militärgericht in Lüneburg, hat der SS-Hauptsturmführer Strippel, Leiter der Wachkommandos Spaldingstraße und Bullenhuser Damm, unter Anklage gestanden. Er war in den Wirren des Zusammenbruchs spurlos verschwunden.«

Den Namen Strippel kannte Staatsanwalt Münzberg, damals dreißig Jahre alt, nicht. Obwohl er in Hamburg geboren und zur Schule gegangen war und im Dezernat für Naziverbrechen arbeitete, hatte er noch nie etwas von einem Kindermord am Bullenhuser Damm gehört. Er fand weder bei der Staatsanwaltschaft noch im Staatsarchiv Unterlagen über dieses Verbrechen. Es war, als hätte es nie einen Curiohaus-Prozeß der britischen Militärregierung gegeben. Die Hamburger Justiz hatte das größte Verbrechen in der Geschichte der Stadt nicht zur Kenntnis genommen.

Das war nicht nur in Hamburg so.[85] Im Bundestag wurde über eine »Generalamnestie für alle in der Hitlerzeit begangenen Verbrechen« diskutiert.[86]

Der Abgeordnete und spätere Justizminister von Merkatz hatte schon 1952 im Bundestag eine Anfrage begründet, mit der eine »Lösung der Frage der sogenannten ›Kriegsverbrecher‹ als Voraussetzung für die Möglichkeit einer ehrenhaften Zustimmung zu einem deutschen Verteidigungsbeitrag« gefordert wurde.

Kriegsverbrechen nannte man das und stellte das Wort »sogenannte« voran, als wären es nur Kriegsverbrechen gewesen, Millionen Juden zu vergasen oder zwanzig Kinder zu erhängen.

Konrad Adenauer hatte als erster gesagt, eine Aufrüstung Westdeutschlands sei nur möglich, wenn die Verbrecher des letzten Krieges nicht mehr vor Gericht gestellt würden. »Die Begnadigung der Kriegsverbrecher und die Beendigung der Diffamierung der deutschen Soldaten« sei »Voraussetzung eines jeden militärischen Beitrages«, ließ er seinen Beauftragten, den Ex-Wehrmacht-General Hans Speidel, im August 1950 in einer offiziellen Denkschrift erklären.[87]

Dann schickte er die Generäle Speidel und Heusinger zu einem nächtlichen Geheimgespräch in das Haus des amerikanischen Hochkommissars McCloy, des Repräsentanten der Besatzungsmächte. »Erst als sie ihre schweren Wintermäntel abgelegt hatten, erkannte ich in ihnen Heusinger und Speidel«, schilderte der zweite beteiligte amerikanische Diplomat Thayer die Situation,[88] die einer Verschwörung ähnelte. »Düster bestätigten sie, wenn die Landsberger Verurteilten gehängt werden sollten, bliebe das deutsche Verteidigungsbündnis gegen den Osten eine Illusion.«

Im damaligen Zuchthaus Landsberg am Lech warteten die Todeskandidaten, die in den Nürnberger Prozessen zum Tode verurteilt worden waren. Dort fanden auch die Hinrichtungen am Galgen statt.

Die Reaktion der Amerikaner auf Adenauers Pression kam schnell. Zwar wurden einige Verurteilte noch hingerichtet, im Juni 1951 zum Beispiel der SS-General Pohl. Dann kamen Amnestien und Gnadenerweise. »Ein Gnadenfieber brach aus«, schrieb Robert Kempner, der ehemalige amerikanische Ankläger in den Nürnberger Prozessen. In aller Stille wurden die meisten Verurteilten aus den Zuchthäusern entlassen. Von dreizehn zum Tode Verurteilten der »Einsatzgruppe Ohlendorf«, die als reisendes Mordkommando in Polen viele Hunderttausend Juden vernichtet hatte, wurden vier gehängt. Die neun anderen konnten nach ein paar Jahren Haft frei nach Hause gehen.[89]

Dann waren nur noch deutsche Gerichte für KZ-Verbrechen zuständig, und von da wurde es still um die Massenmorde. Unter dem Beifall der Abgeordneten des Deutschen Bundestages hatte der SPD-Abgeordnete Merten am 17. September 1952 erkärt: »Wir müssen Schluß machen mit jeder Diskriminierung von Deutschen auch vor dem Gesetz, Schluß mit der Rechtspraxis, deren Grundlagen von dem Willen zur Rache und zur Vergeltung diktiert worden sind.«

Still wurde es, weil einer der Mitverantwortlichen für die Judenausrottung von Adenauer zum höchsten Beamten der Bundesrepublik Deutschland ernannt worden war, Dr. Hans Globke. Er war Judenreferent im Reichsinnenministerium Hitlers gewesen. Er hatte die Abstempelung der Judenpässe mit einem »J«, die Einführung der Zwangsvornamen »Sarah« und »Israel«, das Tragen des Judensterns und viele Maßnahmen zur Aussiedlung der Juden angeordnet.[90]

Dieser Mann stellte nun als Staatssekretär der Bundesregierung die Tagesordnung der Kabinettssitzungen auf, bearbeitete die Vorlagen der Minister und beeinflußte die öffentliche Meinung.

Außer den Geheimdiensten unterstand ihm der »Reptilienfonds«. Daraus gab Globke Bestechungsgelder an Journalisten und Zeitungen, zum Beispiel monatlich elftausend Mark an die rechtsradikale »Deutsche Soldatenzeitung«.[91]

Im Februar 1961 gab es zwar ein Ermittlungsverfahren gegen Globke, weil er in Verdacht geraten war, 10000 jüdische Frauen und Kinder aus Griechenland an der Ausreise nach Israel gehindert und sie statt dessen Eichmann zur Vernichtung überlassen zu haben. Doch die Staatsanwaltschaft Bonn stellte das Verfahren schnell wieder ein. Statt dessen wurde er 1963 vor dem Obersten Gericht der DDR in Berlin wegen Beteiligung am millionenfachen Judenmord angeklagt. 4000 Dokumente wurden verlesen. Globke wurde in Abwesenheit zu lebenslangem Zuchthaus verurteilt. Doch im Namen der Bonner Bundesregierung erklärte deren Staatssekretär von Haase: »Der vor kurzem in Ost-Berlin eingeleitete Schauprozeß gegen Staatssekretär Dr. Globke verfolgt ausschließlich die Ziele der gegen die Bundesrepublik gerichteten kommunistischen Propaganda. Er soll offensichtlich den Höhepunkt der seit Jahren systematischen Hetze gegen den engsten Mitarbeiter des Bundeskanzlers bilden. Die Vorwürfe haben sich als völlig unzutreffend erwiesen.«

Das war unwahr. Aber es wurde gedruckt und geglaubt, und nach der Eingliederung der DDR in die BRD wurde das Globke-Urteil aufgehoben. Der Beamtenapparat der Bundesrepublik wehrte sich gegen KZ-Prozesse. Das sprach am deutlichsten der oberste Strafverfolger dieser Republik aus, nachdem er von seinem Amt zurückgetreten war: der ehemalige Generalbundesanwalt Max Güde. Als CDU-Abgeordneter kritisierte er zwei Staatsanwälte, die in Moskau Mordakten sichteten: »Unsere Idioten fahren auch noch hin und holen das Zeug ab!«[92]

Die Verbrecher selbst waren inzwischen wieder in die Deckung des schützenden Beamtenapparats bei Polizei, Justiz, Verwaltung und der Bundeswehr geschlüpft. Am 1. September 1956, dem 17. Jahrestag von Hitlers Überfall auf Polen, gab der Bundesminister für Verteidigung in Bonn eine »Allgemeine Ausnahmegenehmigung« bekannt.[93] Sie ermöglichte ehemaligen Angehörigen der Waffen-SS bis zum Rang des SS-Obersturmbannführers den Eintritt in die Bundeswehr. Das war der Rang, den die meisten KZ-Kommandanten am Ende des Krieges gehabt hatten, auch Max Pauly. Statt eines antifaschistischen Landes war eine antikommunistische Bundesrepublik entstanden.

Kein Wunder, daß Hamburgs Oberstaatsanwalt Münzberg keine Akten über den Kindermord am Bullenhuser Damm besaß: »Ich hatte große Schwierigkeiten, bis ich endlich im Keller der britischen Botschaft in Bad Godesberg das Protokoll des Curiohaus-Prozesses fand.« Es war bei weitem nicht vollständig, wie sich viele Jahre später zeigte. Münzberg fand aber auch Arnold Strippel. Der saß als Gefangener auf einem »Druckposten« im Krankenrevier der Strafanstalt Butzbach. Und Münzberg fand die Lebensgeschichte eines deutschen KZ-Wächters.

»Ich, Arnold Strippel ...«

»Ich, Arnold Strippel, wurde als zweiter Sohn des Landwirts Friedrich Strippel und dessen Ehefrau Martha, geb. Wald, am 2. Juni 1911 in Unshausen, Bez. Kassel geboren«, schreibt Strippel in seinem Lebenslauf für das »Rasse- und Siedlungs-Hauptamt SS«.[94] Und weiter: »Vom 6. bis zum 14. Lebensjahre besuchte ich die Volksschule daselbst. Nach meiner Schulentlassung erlernte ich im Baugeschäft meines Onkels das Handwerk der Zimmerer. Auch nach bestandener Gesellenprüfung, welche ich nach 3jähriger Lehrzeit ablegte, blieb ich weiterhin bei meinem Lehrmeister und war später, als das Bauhandwerk daniederlag, in der Landwirtschaft meiner Eltern tätig. Im Frühjahr 1934 bewarb ich mich um Einstellung in die aktive SS. Am 1. Juni 1934 erfolgte meine Einberufung in das SS-Sonderkommando ›Sachsen‹, welches später in den SS-Totenkopfverbänden seine Auflösung fand.«

Er kam also, wie die meisten KZ-Wächter, aus der Reserve-Armee der Arbeitslosen, wie Dreimann, Speck, Jauch und selbst Pauly. Arnold Strippel wurde von der SS angenommen. Äußerlich und innerlich entsprach er den Anforderungen dieses Blutordens: ein dunkelblonder germanischer Recke von 1,85 Metern, der nach dem »allgemeinen Untersuchungsbefund« des KZ-Arztes Dr. Blies sowohl »straffaufgerichtet« wie »nordisch« war und eine »rosigweiße« Hautfarbe hatte. Ähnlich beschreiben ihn auch seine KZ-Häftlinge, und es gibt wenige deutsche Konzentrationslager, in denen Strippel im Laufe seiner Karriere nicht getötet hat.

Im Oktober 1934 begann er bei der Wachtruppe des Konzentrationslagers Sachsenburg in Sachsen. 1938 war er schon Rapportführer im Konzentrationslager Buchenwald bei Weimar. Zu seinen Pflichten gehörte die Bestrafung der Häftlinge. »Die Prügelstrafe wurde auf dem Bock vollzogen, auf welchen der betreffende Häftling gelegt wurde, wobei der Rücken festgeschnallt wurde«, stellte 1949 das Frankfurter Schwurgericht im Mordprozeß-Urteil gegen Arnold Strippel fest. »Es waren 5 bis 25 Hiebe als Strafe vorgesehen. In der Anfangszeit wurde mit einem Rohrstock in Fingerstärke, etwa von Ende 1938 ab mit kurzen Lederpeitschen und schließlich mit Ochsenziemern geschlagen.«

Wirksamer war noch das Baumhängen. »Die Strafe wurde in der Weise vollzogen, daß die Häftlinge mit dem Rücken zum Baum an den zusammengebundenen Händen aufgehängt wurden, wobei es unter sehr großen Schmerzen regelmäßig zum Auskugeln der Arme kam. Die Opfer mußten in dieser qualvollen Stellung oft mehrere Stunden am Baum hängen. Solche Häftlinge konnten monatelang ihre Arme nicht mehr gebrauchen und mußten von den Mithäftlingen gefüttert werden.«[95]

Das Urteil weiter: »Der Angeklagte selbst hat zugegeben, daß er die Strafen des Durchprügelns auf dem Bock und des Baumhängens als Rapportführer den Häftlingen bekanntgegeben hat und daß er beim Vollzug dabei war. Nach seinen Angaben gehörten diese Funktionen zu seinem Arbeitsbereich. Darüber hinaus ist aber auch festgestellt worden, daß sich der Angeklagte sowohl beim Vollziehen dieser Strafen selbst körperlich eingeschaltet als auch Häftlinge bei anderen Gelegenheiten willkürlich mißhandelt hat … Auch ließ er es geschehen, daß mitunter Häftlinge am Abend an den Baum gehängt und erst am nächsten Morgen aus dieser qualvollen Lage befreit wurden, wie dies der Zeuge Zannwetzer bekundet hat … Er galt als der brutale Typ eines gefährlichen Landsknechts und wurde im Lager allgemein gefürchtet. Er war unter den Häftlingen als ein Mensch bekannt, der ohne weiteres zugriff und sich bei Begehung von Grausamkeiten im übelsten Sinne auszeichnete. Es bedeutete für ihn eine innere Befriedigung, die KZ-Insassen zu schikanieren und zu peinigen, wo er es nur konnte.

Der Zeuge Zannwetzer sagte in bestimmter und überzeugender Form: ›Strippel war ein Mann, der den größten Wert darauf legte, hundertprozentig seine Aufgaben zu erfüllen. Ich habe ihn wiederholt mit Lust prügeln sehen. Es gab unter der SS auch Menschen, Strippel würde ich aber nie darunterrechnen.‹ Der Zeuge Bammbacher bezeichnet den Angeklagten als bestialisch und unmenschlich, der unter den Häftlingen als mit der Berüchtigtste galt … Der Angeklagte ging dann zwischen den Reihen entlang und trat besonders alten Leuten mit den Stiefeln ins Gesäß oder schlug sie eigenmächtig mit der Faust oder einem Knüppel ins Gesicht.«[96]

Am 9. Mai 1940 heiratete er eine Frau, die ebenso arisch und germanisch war wie er selbst. Sie ließ sich von einem SS-Arzt auf ihre »Rassentauglichkeit« untersuchen und nahm an den Kursen des »Deutschen Frauenwerks« für »Heimgestaltung, Volks- und Brauchtum« teil.

Nach der Besetzung Frankreichs verlegte der damalige SS-Stabsscharführer Strippel seine Schergentätigkeit in das Konzentrationslager Natzweiler im Elsaß. Im Juni 1942 ging er als »Feldführer« in das Judenvernichtungslager Majdanek bei Lublin. Dort wurde er zum Untersturmführer befördert.[97]

Strippel hatte sein Berufsziel erreicht, Offizier zu werden. Nun folgten noch das KZ Ravensbrück, das Arbeitslager Peenemünde, das KZ Vught in Holland, das Arbeitslager Drütte bei Braunschweig und das KZ-Außenlager Dessauer Ufer im Hamburger Hafen. Dann übernahm Strippel als SS-Obersturmführer das Kommando über sämtliche Hamburger Außenlager des Konzentrationslagers Neuengamme. Sein Dienstsitz war das Lager Spaldingstraße in der Hamburger Innenstadt, nahe dem Hauptbahnhof und in unmittelbarer Nähe des KZ-Lagers in der Schule am Bullenhuser Damm.

Seine Karriere war der des Neuengammer Lagerleiters Anton Thumann vergleichbar. Den hatte der britische Ankläger Major Wein im Curiohaus-Prozeß gefragt: »Sie waren arbeitslos mit 16, dann traten Sie der SS bei, und mit 20 wurden Sie, wie Sie es nennen, ein Berufssoldat in der SS. Nach Ihrer eigenen Schilderung waren Sie während Ihrer ganzen Karriere eigentlich aber ein Henker, ist das nicht so?«[98]

Nach der Ermordung der zwanzig Kinder schien Strippel verschollen. Am 31. Mai 1946 wollte der englische Brigadier H. Shapcott vor dem Militärgericht im Hamburger Curiohaus Anklage gegen ihn erheben, gegen Frahm und Speck wegen »killing of 20 children at the Bullenhuser Damm«, aber er mußte das Verfahren ohne Strippel durchführen.

Der hatte sich zuerst bei seinem SS-Kumpanen Heinrich Thomsen in Büdelsdorf bei Rendsburg versteckt, später als Landarbeiter im Hessischen. Im Herbst 1948, als sich die SS-Führer in Westdeutschland schon wieder sicherer fühlten, stellte er sich unter seinem richtigen Namen im amerikanischen Internierungslager Darmstadt. Anstandslos bekam er ordentliche Papiere und wurde entlassen.

Doch am 13. Dezember 1948, mittags um 14 Uhr, begegnete ihm auf einer Straße in der Frankfurter Innenstadt seine Vergangenheit: ein Buchenwald-Häftling, den er früher zum Baumhängen verurteilt hatte. Der Mann rief die Polizei. Strippel wurde festgenommen.

»Weißt du, wo die Mistvögel sind?«

Am 31. Mai 1949 begann vor dem Schwurgericht in Frankfurt der Prozeß gegen ihn. Strippel wurde angeklagt, zahllose schwere Körperverletzungen und 21 Morde an Häftlingen begangen zu haben. Diese 21 Häftlinge, Juden, waren als Rache für den Bombenanschlag auf Adolf Hitler am 8. November 1939 nach seiner Rede im Münchener Hofbräukeller ermordet worden. Das Gericht übernahm Strippels eigene Darstellung vom Massenmord: »Die Häftlinge hätten nach Maßgabe der Anordnungen des Hauptscharführers Blank in Kehrthaltung zu dem SS-Kommando antreten müssen. Hinter jeden Juden habe sich ein SS-Mann gestellt. Auf den Befehl ›Marsch‹ seien die Häftlinge strahlenförmig auseinandergelaufen. Beim Auseinandergehen sei nicht eher geschossen worden, bis Blank den ersten Schuß abgegeben hätte. Jeder SS-Mann habe den ihm zugeteilten Juden erschießen müssen ... Er, der Angeklagte, habe sich an diesen Erschießungen nicht beteiligt, weil ihn diese Angelegenheit seelisch zu sehr mitgenommen habe.«[99] Was dann geschah, hat der Häftling Walter Poller in seinem Buch »Arztschreiber in Buchenwald« geschildert:

»Kurz nach 10 Uhr rief mich Hauptscharführer Strippel telefonisch an. Seine Stimme klang rauh und betrunken: ›Na, weißt du, wo die 21 Mistvögel sind?‹

Ich wußte nicht recht, was ich antworten sollte. Zwar bestand für mich über das Schicksal der Juden kein Zweifel, auch wußte ich, daß man dem Hauptscharführer gegenüber nicht jedes Wort auf die Goldwaage zu legen brauchte, aber der Ton seiner Stimme war derart grauenhaft, daß ich mich schnell entschloß, mich unwissend zu stellen.

›Keine Ahnung, Herr Hauptscharführer‹, antwortete ich.

Darauf brüllte Strippel wie ein wilder Stier in das Telefon: ›Im Arsch sind sie! Verstanden?!‹

›Jawohl, Herr Hauptscharführer!‹

›Na, dann schreib man die Berichte‹, sagte er bedeutend leiser und leicht lallend, ›brauchst du die Nummern?‹

›Jawohl, Herr Hauptscharführer.‹

Und dann diktierte mir Strippel telefonisch 21 Häftlingsnummern und 21 Namen. Ich ging an die Kartei und zog 21 Karten, schrieb 21 Totenmeldungen, und 21mal schrieb ich als Todesursache: — — — ›Auf der Flucht erschossen.‹ Am nächsten Tag sah ich die Leichen in der Totenbaracke. Sie wiesen alle Nahschüsse in den Hinterkopf auf. Die Verletzungen waren gräßlich, aber sie waren wenigstens auf der Stelle tödlich gewesen.«[100]

Am 1. Juni 1949 fällte das Gericht sein Urteil: Strippel wurde »wegen gemeinschaftlichen Mordes in 21 Fällen, begangen im KZ Buchenwald am 9. November 1939« zu 21mal lebenslangem Zuchthaus verurteilt. Obendrein erhielt er zehn Jahre Haft wegen schwerer Körperverletzung »in einer unbestimmten Zahl von Fällen«.

Er kam in die Haftanstalt Butzbach. Dort hatte er es nicht schlecht. »Armin haben sie ihn genannt, groß, ein typischer Deutscher«, erzählt sein Butzbacher Mithäftling Werner Schütz.

»Ich habe ihn zwanzig Jahre lang gekannt, von 1949 bis zu seiner Entlassung 1969. Er war als Kalfaktor beim Anstaltsarzt, hatte eine große Stube mit Fenstern bis nach unten. Sein Freund war Heinrich Baab, der Gestapo-Chef von Frankfurt. Strippel hatte im Gefängnis großen Einfluß. Die Lazarettbeamten verkehrten mit ihm kameradschaftlich per Du. Er hat im KZ nur seine Pflicht getan, hat er gesagt. Natürlich hast du welche totgeschlagen, hab ich mal zu ihm gesagt. Natürlich, sagte er.«

Sie feiern Hitlers Geburtstag im Knast

Andere Häftlinge berichten, daß die Gruppe der Naziverbrecher in Butzbach jedes Jahr den Geburtstag Hitlers am 20. April gefeiert habe. Dazu gehörte auch der Euthanasie-Professor Werner Heyde, der sich mit Wissen schleswig-holsteinischer Landespolitiker nach dem Krieg unter dem Tarnnamen Sawade verbergen und als medizinischer Gutachter für Kieler Behörden arbeiten konnte. Strippel hätte doppelten Anlaß gehabt, dieses Tages zu gedenken. Es war der Tag, an dem die Kinder ermordet worden waren. Doch angeblich wußte er davon nichts, denn als ihm am 10. Mai 1965 der Oberstaatsanwalt Münzberg im Geschäftszimmer der Strafanstalt Butzbach gegenübersaß, gab er zu Protokoll:

»Von einer Exekution, die im Keller der Schule Bullenhuser Damm stattgefunden haben soll, höre ich heute zum erstenmal. Ich habe für diese Exekution weder Befehle von irgendeiner Stelle erhalten, noch habe ich Befehle an mir Untergebene weitergegeben. Wo ich mich in der Nacht vom 20. zum 21.4.1945 befunden habe, kann ich heute nach 20 Jahren nicht mehr sagen. Ich nehme an, daß ich mich in meinem Zimmer in Lager Spaldingstraße aufgehalten habe.«

Eine winzige Korrektur diktierte er, weil ihm seine Behauptung wohl selbst unglaublich erschienen war: »Wenn ich ausgesagt habe, ich hätte von der Exekution in der Schule Bullenhuser Damm heute zum ersten Mal gehört, so möchte ich diese Aussage wie folgt verstanden wissen: Von der Tatsache, daß im Keller der Schule Erhängungen stattgefunden haben, speziell von der Erhängungsaktion in der Nacht vom 20. zum 21.4.45, habe ich erst nach dem Kriege erfahren.«

Die Erklärungen der vier anderen Tatbeteiligten, Trzebinski, Frahm, Jauch und Dreimann, daß Strippel ihr Mittäter gewesen sei, stellte er als eine Verschwörung hin: »Die Tatsache, daß mein Name in dem Neuengamme-Prozeß des öfteren erwähnt worden ist und daß ich von verschiedenen Angeklagten im Zusammenhang mit der Erhängung der Kinder mehrfach belastet worden bin, kann ich mir nur so erklären, daß jeder der Angeschuldigten in dem damaligen Verfahren jedes erdenkliche Interesse hatte, die Schuld an der Tötung der Kinder auf mich, der ich mich als Nichtanwesender nicht wehren konnte, abzuwälzen. Dies gilt insbesondere für die Aussage des Angeklagten Dr. Trzebinski.«

Staatsanwalt Dr. Münzberg hielt sich an diese Schutzbehauptung. Er stellte das Ermittlungsverfahren gegen den SS-Obersturmführer ein. Am 30. Juni 1967 schrieb er einen »Vermerk«, der sich wie eine Schutzschrift liest:

Lebende Zeugen des Massenmordes gebe es nicht mehr. Das Wortprotokoll des Curiohaus-Prozesses mit den Aussagen von Trzebinski, Frahm, Jauch und Dreimann sei zwar das Hauptbeweismittel, könne aber »nur mit äußerster Vorsicht gewertet werden. Diese Protokolle bestehen nämlich, jedenfalls was die Vorgänge im Keller der Schule anlangt, ausschließlich aus den Aussagen der inzwischen hingerichteten, an der Tat beteiligten SS-Angehörigen, die sich … alle nach Kräften bemüht haben, den Sachverhalt in einem für sie möglichst günstigen Lichte darzustellen und den eigenen Tatbeitrag so klein wie möglich zu halten.«[101]

Den Beweis dafür ist Münzberg schuldig geblieben. Er hätte ihn auch nicht erbringen können. Denn wie sollen sich Täter miteinander verabreden, die alle an verschiedenen Orten gefangen sind und dort ihre Aussagen machen? Speck zum Beispiel hat am 9. März 1946 im Lager Neumünster ausgesagt. Dreimann am 5. Januar 1946 im Gefangenenlager Minden. Jauch am 13. Mai 1946 im Lager Paderborn. Frahm am 2. Mai 1946 im Gefängnis in Hamburg. Und Trzebinski, der bis zum 1. Februar 1946 untergetaucht war, machte seine Aussage überhaupt erst im Curiohaus-Prozeß. Er hatte keine Kontaktmöglichkeit mit den anderen Angeklagten. Und keiner von ihnen wußte, daß Strippel nicht gefaßt war und bis zum Prozeßende auch nicht gefaßt werden würde.

So war also Staatsanwalt Münzbergs »Verschwörungstheorie« durch nichts begründet, wenn nicht durch die Absicht, Strippel nicht anklagen zu wollen. In späteren Jahren und Jahrzehnten ist die Hamburger Staatsanwaltschaft auch nie wieder auf diese unglaubliche Begründung zurückgekommen, die man keinem Verteidiger abgenommen hätte.

Das behinderte übrigens nur unwesentlich seine Karriere: Dr. Helmut Münzberg wurde zwar kein Generalstaatsanwalt, aber schaffte die zweithöchste Stufe der Behördenhierarchie: Er wurde Leitender Oberstaatsanwalt in Hamburg und nach dem Anschluß der DDR stellvertretender Generalstaatsanwalt in Schwerin.

»Die Welt« ersetzt die Akten

Münzberg machte einen weiteren Fehler. Er verzichtete auf Einsicht in die Magdeburger Akten des Heißmeyer-Prozesses. Darin hätte er die Originalunterlagen über die Experimente an den Kindern und Aussagen über den Exekutionsbefehl gefunden. Münzberg hat auch nicht den Versuch gemacht, Heißmeyer zu vernehmen, der damals noch lebte. Er hätte über die Versuche an den Kindern und über deren Ende wesentliche Aussagen machen können.

Doch in diesen Jahren herrschte in der Bundesrepublik kalter Krieg. Es war für die Justizbehörden der Bundesrepublik politisch nicht opportun, die Justiz der DDR um Amtshilfe zu bitten. So schreibt Dr. Münzberg in seinem »Vermerk« nur: »Dr. Heißmeyer ist einer Meldung der ›Welt‹ vom 6.7.1966 zufolge wegen der von ihm im KZ Neuengamme durchgeführten Tbc-Versuche von einem sowjetzonalen Gericht in Magdeburg im Jahre 1966 zu lebenslangem Zuchthaus verurteilt worden ... Es ist auch nicht zu erwarten, daß aus den – bislang nicht beigezogenen – Akten über den Magdeburger Heißmeyer-Prozeß noch irgendwelche Erkenntnisse über die Frage der Beteiligung des Beschuldigten an dem Kindermord gewonnen werden können, da sich der genannte Prozeß ausschließlich mit den szt. an den Kindern durchgeführten Tbc-Versuchen, nicht aber mit der anschließenden Tötung der Kinder befaßt hat.«

Falsch, wie man weiß. Denn das Magdeburger Gericht hat die »anschließende Tötung der Kinder« ausführlich untersucht. In einem Rechtsstaat hätte der Hamburger Staatsanwalt die Pflicht gehabt, die Akten anzusehen, statt seine Sachkenntnis aus einer Meldung der »Welt« zu beziehen.

So sah es am Todestag der Kinder, am 20. April 1945, in Hamburg aus: Der heutige Gerhart-Hauptmann-Platz, die Mönckebergstraße, im Hintergrund die Petrikirche. Zum Schutt- und Bombenräumen wurden KZ-Häftlinge aus den Lagern Bullenhuser Damm und Spaldingstraße eingesetzt.

Professor René Quenouille, Röntgenologe aus Villeneuve-Saint-Georges bei Paris, und seine Frau Yvonne. Beide wurden am 3. März 1943 verhaftet.

SS-Führer Arnold Strippel am Beginn seiner Karriere.
Er hinterließ eine Blutspur in Europa.

Der ehemalige SS-Obersturmführer Strippel während des Majdanek-Verfahrens.
Bis zu seinem Tode am 1. Mai 1994 lebte er in Frankfurt-Kalbach.

Der »Postwagenfahrer« Hans Friedrich Petersen, schon selbst als Gefangener nach der Kapitulation der SS in Neuengamme.

Hans Friedrich Petersen als Zivilist in Sonderburg. Die Hamburger Staatsanwaltschaft hat ihn nie als Mordzeugen gesucht.

37 Jahre nach der Ermordung ihrer beiden Kinder Eleonora und Roman ging die Mutter Rose Witonska-Grumelin mit ihrem Sohn aus zweiter Ehe, Marc-Alain, zum Krematorium von Neuengamme, wo ihre Kinder verbrannt worden waren. Sie hatte bis dahin nicht gewußt, wo Eleonora und Roman geblieben waren. Keine Behörde hatte sie informiert.

SS-Hauptsturmführer und KZ-Arzt Dr. Alfred Trzebinski. Seine Mitbeteiligung am Kindermord war für ihn »eine barmherzige Tat«.

Dr. Hans Klein, Professor für Gerichtsmedizin an der Universität Heidelberg. Er hatte die Tuberkulose-Versuche an den Kindern ausgearbeitet und wurde nie dafür bestraft.

Das zerknitterte Foto seiner Tochter Ruchla trug der jüdische Schumacher Nison Zylberberg aus Zawichost in Polen auf seiner Flucht um die halbe Welt immer bei sich. Ruchla wurde am 20. April 1945 von SS-Leuten in Hamburg erhängt.

Bekam der Arzt das Mordkommando?

»Fest steht jedenfalls«, schreibt Dr. Münzberg in seinem »Vermerk«, daß »die Tötung der Kinder, der Ärzte und Pfleger von den dem Lager vorgesetzten Dienststellen in Berlin … angeordnet worden ist und daß ihre Durchführung dem SS-Standortarzt Dr. Trzebinski oblag.«

Nichts steht weniger fest als gerade dies. Zwar hat der Lagerkommandant Max Pauly zum eigenen Schutz behauptet, der Mordbefehl sei von Berlin direkt an den Standortarzt gegangen, und dieser sei für die Tötung der Kinder und der Erwachsenen zuständig gewesen. Aber das hat schon das britische Militärgericht im Curiohaus-Prozeß als widerlegt angesehen.[102]

Und aus allen anderen Quellen, vom Pohl-Prozeß bis zum großen Frankfurter Auschwitz-Prozeß, ergibt sich eine Befehlsstruktur, die bei Exekutionen niemals den Kommandanten eines KZ-Lagers ausschloß. Er war immer die Zentralfigur.[103]

Ein Arzt durfte Exekutionen niemals leiten, sondern nur den Tod der Ermordeten feststellen. Es widerspricht auch der SS-Logik, mit einer so wichtigen Exekution den Standortarzt Trzebinski zu beauftragen, der als weich und feige galt, im Gegensatz zu dem harten Strippel.

Staatsanwalt Münzberg weist zur Stützung seiner Annahme darauf hin, Trzebinski habe den höheren SS-Dienstgrad gehabt. Trzebinskis Behauptung sei erlogen, »Strippel sei ihm (Trzebinski) gegenüber zur Erteilung von Befehlen berechtigt gewesen und habe aus diesem Grunde auch Jauch und Frahm in bezug auf die Tötung der Kinder Anweisungen erteilen können.

Strippel hatte ihm nämlich nicht das geringste zu sagen. Er war zwar Stützpunktleiter und damit für das ihm unterstellte Arbeitslager Bullenhuser Damm verantwortlich. Seine Macht ging aber keineswegs so weit, daß er dem Standortarzt des Konzentrationslagers, der zudem noch einen höheren Dienstgrad als er, Strippel, besaß, hätte irgendwelche Befehle, noch dazu in ärztlichen Dingen, erteilen können.«

In ärztlichen Dingen? Gehörte der Kindermord zu den »ärztlichen Dingen«? Diese Theorie der höheren Dienstränge widerspricht der Praxis: Ärzte hatten und haben immer, auch heute in der Bundeswehr, höhere Dienstränge und militärisch doch nichts zu befehlen. Ihre Befehlsgewalt gilt nur für den medizinischen Bereich. Exekutionen waren militärische Angelegenheiten, für die nicht der Arzt Trzebinski zuständig war. Dennoch kommt Staatsanwalt Münzberg mit seiner Interpretation des Sachverhalts zu dem überraschenden Schluß: »Die Behauptungen Dr. Trzebinskis sind, soweit der Beschuldigte Strippel durch sie belastet wird, vollen Umfanges widerlegt.«

»Den Kindern wurde kein weiteres Übel zugefügt«

Überraschend ist auch die »Rechtliche Würdigung« der Morde. Die Kinder seien zwar »aus niedrigen Beweggründen« und »zur Verdeckung einer anderen Straftat« getötet worden, stellt Münzberg fest. Die Tat sei auch »heimtückisch« ausgeführt, aber nicht »grausam« gewesen. Denn den Kindern seien keine »besonderen Schmerzen oder Qualen« zugefügt worden: »Die Ermittlungen haben nicht mit der erforderlichen Sicherheit ergeben, daß sich die Kinder über Gebühr lange quälen mußten, bevor sie starben. Im Gegenteil spricht manches dafür, daß sämtliche Kinder gleich nach Empfang der ersten Spritze das Bewußtsein verloren und aus diesem Grunde alles weitere, was mit ihnen geschah, nicht wahrgenommen haben. *Ihnen ist also über die Vernichtung ihres Lebens hinaus kein weiteres Übel zugefügt worden, sie hatten insbesondere nicht besonders lange seelisch oder körperlich zu leiden.*«[104]

Die Russen wurden »rechtmäßig getötet«

Auch die Ärzte und die Pfleger seien nicht grausam ermordet worden: »Die von Dreimann angewendete Erhängungsmethode, ihnen die Beine vom Boden wegzuziehen, hat ihnen, so ungewöhnlich sie ist, keine über die Vernichtung des Lebens hinausgehenden Qualen bereitet und ist auch aus sonstigen Gesichtspunkten heraus nicht unmenschlich gewesen. Insbesondere haben die Ermittlungen nicht ergeben, daß bei der von Dreimann gewählten Hinrichtungsmethode der Tod langsamer eingetreten ist als bei dem später angewendeten Verfahren, die Opfer auf Kisten zu stellen und die Kisten dann wegzustoßen. Auch der Umstand, daß die Opfer sich vor ihrer Exekutierung haben ausziehen müssen, reicht weder für sich allein noch in Verbindung mit der Methode des Beinewegziehens zur Bejahung des Merkmals der ›Grausamkeit‹ aus.«

Bei dieser Betrachtungsweise verwundert es nicht, daß der Staatsanwalt den Mord an den gefangenen Sowjetsoldaten überhaupt nicht bestrafen will. Ihre Tötung sei »weder heimtückisch noch grausam« gewesen. Denn: »Schon die Behandlung der Russen durch die SS während ihrer Haftzeit muß sie auf das äußerste argwöhnisch und mißtrauisch gemacht haben. Alle diese Häftlinge mußten stündlich damit rechnen, von der SS liquidiert zu werden. Nun wurden sie mitten in der Nacht auf einem bewachten Lkw zu einem einsam gelegenen Gebäude gefahren, jeweils zu viert von dem Lkw heruntergeholt und in den Keller dieses Gebäudes geführt. Keiner der in den Keller Gebrachten kam zurück. Alle diese Menschen können, als sie in den Tod gingen, unmöglich arglos gewesen sein; das beweist schon die Tatsache ihres verzweifelten Fluchtversuchs«.

Den Mördern wird also zugutegehalten, daß sie Mörder sind und sich schon lange vor der Tat wie Mörder verhalten haben, so daß ihre Opfer ihnen gegenüber geschärften Argwohn und geschärftes Mißtrauen haben mußten. Und wenn sie es nicht hatten und sich doch »arglos« in den Schulkeller führen ließen, dann wird das den Mördern zugutegehalten, so daß sie nun nicht mehr wie heimtückische Mörder bestraft werden können. Und woher sollten die ersten vier Russen wissen, daß aus diesem Keller keiner mehr zurückkehrte? Zumindest sie konnten diesen Argwohn doch nicht haben. Und reichen nicht schon vier einzelne Tötungen unter Ausnutzung der Arg- und Wehrlosigkeit? Spielte es für den Hamburger Staatsanwalt eine Rolle, daß es nur »Russen« waren und keine französischen Professoren?

Aber Münzberg geht bei der Entlastung des Obersturmführers noch weiter: »Hatten die Russen jedoch … irgendein Verbrechen begangen, für das seinerzeit auch jeder Nichtrusse mit dem Tode bestraft worden wäre, und lagen den Exekutionsbefehlen … *rechtmäßige* Todesurteile zugrunde«, dann sei es kein Mord gewesen. Denn »die an der Vollstreckung dieser Urteile Beteiligten« hätten »nicht rechtswidrig gehandelt«

Nach dieser Rechtsauffassung könnte man in der Bundesrepublik Deutschland keinen Naziverbrecher mehr wegen der Ermordung von Gefangenen verurteilen. Denn immer müßte, wie bei Münzberg, »von der für den Beschuldigten günstigsten Möglichkeit ausgegangen werden, nämlich davon, daß es sich bei den Russen um rechtmäßig zum Tode Verurteilte gehandelt hat«.

So stellte Münzberg die Ermittlungen ein und bescheinigte sich, daß »weiteres Beweismaterial über den Kindermord sich …

auch nicht mehr beschaffen« lasse, weil »sämtliche aktiv und passiv an den Geschehnissen in der Schule Beteiligten tot sind«. Oberstaatsanwalt Helmut Münzberg ließ den Einstellungsbeschluß in der Hamburger Staatsanwaltschaft zirkulieren. Die Vorgesetzten zeichneten ihn ab und billigten das Ergebnis der Ermittlungen.

Doch es war nicht das Ende. Dr. Münzberg hatte nicht nur voreilige Schlüsse aus den Akten gezogen, sondern auch die eigentliche Aufgabe eines Staatsanwalts versäumt, gründlich zu ermitteln. Es war nicht richtig, daß alle Beteiligten tot waren. Noch lebten Zeugen aus dem Lager Spaldingstraße, Verteidiger aus dem Curiohaus-Prozeß, Angehörige des britischen Gerichts, der Vernehmungsbeamte Major Freud, der Staatsanwalt Stewart. Es lebte noch Heißmeyer. Es lebte sein Mittäter Dr. Hans Klein. Es lebte der SS-Unterscharführer Hans Friedrich Petersen, der den Kindertransport in die Schule Bullenhuser Damm gefahren hatte. Und es lebte der Hausmeister Wilhelm Wede. Dem hatte die SS erlaubt, im Lager Bullenhuser Damm zu bleiben und die Schule zu heizen. Während im Keller die Kinder erhängt wurden und die Ärzte und Pfleger und Gefangenen starben, war Wilhelm Wede im Erdgeschoß anwesend. Er habe in der Nacht geschlafen, sagte er später zu einem Kollegen. Man hätte ihn fragen müssen, ob er denn nicht die Schüsse vorm Haus und die Schreie der getroffenen Russen gehört habe. Ob er nicht doch dabeigewesen sei, als die Leichen wegtransportiert wurden. Ob er den Obersturmführer Strippel dort gesehen habe.

Doch niemand fragte ihn, weil Staatsanwalt Münzberg nicht ausreichend ermittelt hatte. Fünf Monate nach der Einstellung des Ermittlungsverfahrens ist Wilhelm Wede am 27. November 1967 in Hamburg gestorben. Wieder ein Zeuge weniger. Und am 19. Dezember 1967 starb im dänischen Sonderburg Hans Friedrich Petersen, der Fahrer, der die Kinder zur Ermordung gefahren hatte. Der letzte Augenzeuge war tot – außer Strippel.

Haftentschädigung für den KZ-Mörder

Es schien, als werde der SS-Obersturmführer Arnold Strippel vom Schicksal genauso begünstigt wie von der Staatsanwaltschaft. Als das Hamburger Ermittlungsverfahren gegen ihn eingestellt war, nahm das Frankfurter Schwurgericht zu seinen Gunsten den Buchenwald-Prozeß wieder auf. Aus einem Grunde, den die bundesdeutsche Justiz »normalen« Mördern kaum als »neue Tatsache« zugute halten würde, wie sie für jedes Wiederaufnahmeverfahren Voraussetzung ist. Einer der Belastungszeugen war in einem anderen Verfahren als »allgemein unglaubwürdig« bezeichnet worden. Zwar war dieser Zeuge im Frankfurter Prozeß gegen Strippel nur eine Randfigur gewesen, er war auch ebenso tot wie die Tatzeugen für den Kindermord, aber die Justiz gewährte Strippel einen Strafrabatt: 1967 wurde die zehnjährige Haftstrafe für die schweren Körperverletzungen »in einer unbestimmten Zahl von Fällen« auf fünf Jahre herabgesetzt. Die 21mal Lebenslänglich blieben bestehen. Die 21 toten Juden von Buchenwald waren nicht wegzuplädieren.

Doch Strippel gelang ein weiterer Coup: Noch einmal wurde die Wiederaufnahme seines Verfahrens zugelassen, weil Strippel beim Mord im Steinbruch möglicherweise »nicht als fanatischer Nationalsozialist gehandelt« habe, wie das Gericht bisher immer unterstellte. Gleichzeitig hob das Gericht den Haftbefehl auf. Der SS-Obersturmführer verließ am 21. April 1969 die Haftanstalt Butzbach. Die Neonazis feierten ihn als »unschuldig Verurteilten«. Fünf Monate später begann in Frankfurt ein neuer Schwurgerichtsprozeß gegen Arnold Strippel. Er hatte inzwischen Arbeit als Fakturist bei der Firma Stempel-Eck gefunden, führte die Buchhaltung, schrieb Rechnungen.

Der neue Prozeß zog sich in die Länge. Viele Häftlinge, die als Zeugen gegen ihn hätten aussagen können, waren gestorben. KZ-Gefangene haben keine lange Lebenserwartung.

»Die Würdigung der Persönlichkeit des Angeklagten fiel günstiger aus, da Belastungszeugen ihre Aussagen abschwächten oder widerriefen; einige Zeugen bekundeten sogar ein menschliches Verhalten des Angeklagten«, stellte der Strafrechtler Professor Karl Peters fest.[105]

Nach fünf Monaten verkündete das Gericht sein Urteil. Es stand fest, daß Strippel am 9. November 1939 an der Erschießung von 21 jüdischen Häftlingen im Steinbruch des Lagers Buchenwald beteiligt gewesen war. Wenigstens hier sollen noch einmal ihre Namen festgehalten werden:

Walter Abusch, 17 Jahre alt,
Herbert Adam, 36 Jahre alt,
Manfred Adler, 18 Jahre alt,
Wilhelm Cohn, 24 Jahre alt,
Herbert Deutsch, 25 Jahre alt,
Otto Frischmann, 28 Jahre alt,
Joseph Godel, 32 Jahre alt,
Arthur Groß, 26 Jahre alt,
Leo Jablonski, 38 Jahre alt,
Erich Jacob, 28 Jahre alt,
Stephan Kende, 51 Jahre alt,
Theodor Kriesshaber, 55 Jahre alt,
Julius Levite, 28 Jahre alt,
Emil Levy, 31 Jahre alt,
Arthur Maschke, 33 Jahre alt,
Ernst Meyer, 35 Jahre alt,
Hermann Rautenberg, 27 Jahre alt,
Alfred Schafranek, 40 Jahre alt,
Franz Schneider, 36 Jahre alt,
Leo Unger, 43 Jahre alt,
Kurt Wolffberg, 25 Jahre alt.

Doch Mörder der Juden seien nicht die SS-Leute gewesen, die ihnen die Kugeln in den Kopf schossen, sondern der Lagerkommandant Karl Koch. Der war schon lange tot. 1945 hatten ihn die eigenen SS-Kumpanen erschossen, weil er den Privatmasseur des SS-Generals Prinz zu Waldeck ermordet hatte. So waren die eigentlichen Mordschützen nur noch »Gehilfen«. Und man müsse Strippel zugute halten, daß er 1970 »nicht mehr der scharfe Rapportführer von Buchenwald und ›wirkliche Tatgehilfe‹ ist, den die Strafe trifft, sondern ein gewiß innerlich gewandelter Mensch«. Das Gericht gab keine Erklärung, woran es diese innere Wandlung des ehemaligen scharfen Rapportführers erkannt haben wollte.

Es sei ihm auch zugute zu halten, daß er »in dem einem jungen Menschen eigentümlichen Bestreben vorwärtszukommen glaubte, durch besonders soldatisches Auftreten und durch Befolgung einer falsch verstandenen Gehorsamspflicht dieses Ziel zu erreichen«. Und schließlich berücksichtigten die Richter, daß »die Rechtsprechung mit einem immer größeren zeitlichen Abstand zu den Untaten unter der nationalsozialistischen Herrschaft sich mildernd gewandelt hat«.[106]

Judenmorde waren nicht mehr so schlimm. Und daß ein Mensch sie zur Beschleunigung seiner SS-Karriere beging, war nicht strafverschärfend, sondern mildernd. Mit dieser Milde bestraften die Frankfurter Richter Seiboldt, Steffgen und Dr. Zander Strippel als Mordgehilfen mit sechs Jahren Zuchthaus, verbüßt durch die Butzbacher Haft.

Nun bekam Strippel auch noch eine Haftentschädigung. 121 500 Mark. Siebenmal soviel wie seine KZ-Häftlinge als Wiedergutmachung für die gleiche Zeit erhalten hätten – falls sie Strippel überlebt hätten. »Bankräuber und SS-Menschenschinder sind nach den Entschädigungsgesetzen der Bundesrepublik besser gestellt als die früheren KZ-Opfer des Hitlerregimes«, kommentierte resignierend der frühere hessische Justizminister Johannes Strelitz, SPD.[107]

An den ehemaligen Häftling Rudolf Gottschalk, der sich 1964 die Anfrage nach einer Strafverfolgung für den Kindermörder erlaubt hatte, schrieb der hessische Justizminister Hemfler: »Ich darf Sie meiner persönlichen Anteilnahme an Ihrem bitteren Verfolgtenschicksal sowie meines vollen menschlichen Verständnisses für den in Ihrem Schreiben zum Ausdruck gekommenen Unmut über den an Herrn Strippel gezahlten Haftentschädigungsbetrag versichern... Das Mißverhältnis zwischen den an Opfer des verbrecherischen NS-Regimes einerseits und an im Wiederaufnahmeverfahren freigesprochene beziehungsweise milder verurteilte Täter andererseits gezahlten Entschädigungen erscheint mir jedoch derart eklatant zu sein, daß ich meine, den Bundesgesetzgeber in geeigneter Form darauf hinweisen zu sollen.«[108]

Rudolf Gottschalk ist bald darauf gestorben. Er hat nicht mehr erfahren, daß selbst diese Anregung des hessischen Justizministers in Bonn abgelehnt wurde. »Der von Ihnen angesprochene Fall des früheren KZ-Wächters Strippel macht es nicht erforderlich, an der BEG-Regelung etwas zu ändern«,[109] teilte das Bundesministerium der Finanzen in einem Brief von 21.5.1973 mit.[110] Die Bundesregierung beabsichtige »nicht, die seit längerer Zeit praktisch abgeschlossenen Entschädigungsregelungen für immateriellen Schaden an Freiheit der Verfolgten zu ändern, ganz abgesehen davon, daß die Entschädigung für die Opfer der NS-Verfolgung durch das BEG-Schlußgesetz von 1965 abschließend geregelt wurde.«

Strippel im Bundestag

Ähnlich wurde auch der SPD-Bundestagsabgeordnete Norbert Gansel abgefertigt. Er hatte im Bundestag gefragt: »Wie beurteilt die Bundesregierung, daß der ehemalige SS-Obersturmführer und KZ-Wächter Strippel ... eine Haftentschädigung in Höhe von

150 000 DM … erhält, während Opfer der NS-Gewaltherrschaft nur eine Entschädigung von 5 DM pro Tag der Freiheitsentziehung erhalten haben, und wird die Bundesregierung eine Änderung des Bundesentschädigungsgesetzes mit dem Ziel in die Wege leiten, daß Opfer der NS-Gewaltherrschaft nicht gegenüber ihren Peinigern auf diese makabre Weise diskriminiert werden?«

Daran sei nicht gedacht, antwortete der Staatssekretär Hermsdorf in der Bundestags-Fragestunde vom 9. Mai 1973. Denn: »Die Entschädigung des KZ-Wächters Strippel bezog sich demgemäß nur auf materielle Schäden wie Verdienstausfall, Erstattung von Sozialversicherungsbeiträgen sowie Auslagen im Strafverfahren.« Die Entschädigungen für NS-Verfolgte hätten jedoch »nur im Rahmen der Finanzkraft von Bund und Ländern geschehen« können. »Angesichts des Ausmaßes der Schäden und der Zahl der Opfer konnte der durch den Verlust an Freiheit eingetretene Schaden weder voll ausgeglichen noch voll abgegolten werden.«

Mit anderen Worten: Die vielen KZ-Häftlinge konnten nur wenig Geld, die wenigen SS-Verbrecher konnten viel erhalten. Hermsdorf schloß mit den Worten: »Gestatten Sie mir noch eine persönliche Bemerkung zu diesem Fall des KZ-Wächters Strippel: Politisch halte ich dieses Urteil für skandalös.«[111]

Die Entschädigungs-Politik der Bundesregierung hielt der Staatssekretär Hermsdorf nicht für skandalös.

Arnold Strippel kaufte sich eine Eigentumswohnung in Frankfurt-Kalbach. Er war wohlhabend geworden, ein Bürger, der seinen Besitz und seine Rechte zu wahren wußte. Als hinter seinem Haus ein öffentlicher Park angelegt werden sollte, erschien er am 21. April 1978 auf der Sitzung des Ortsbeirats Kalbach. Einer der Teilnehmer erinnert sich: »Ein großer, strammer Mann. Lautstark und selbstsicher beschwerte er sich darüber, daß dort Bäume gepflanzt werden sollen, die seinen Balkon beschatten würden. Die CDU machte sich Strippels Antrag zu eigen. Die Bäume wurden weit von Strippels Wohnung entfernt gepflanzt, die Wege so angelegt, daß sie ihn nicht störten.«

Die Schule der toten Kinder

Man hätte denken können, Bürger der Stadt Hamburg hätten die Schule Bullenhuser Damm nach der Befreiung Deutschlands von den Nazis zu einer Gedenkstätte für die toten Kinder und ihre Kameraden gemacht. Doch nachdem zuerst in diesem Gebäude die Bibliothek der Seewetterwarte untergebracht war, wurde drei Jahre nach dem Ende des Krieges hier wieder eine Schule eingerichtet. Die Befürchtung, daß eine solche Mordstätte sechsjährigen Kindern Angst machen könnte, ist in den Protokollen der Lehrerversammlungen nicht verzeichnet.

Zwar steht dort unter der Überschrift »Vorarbeiten« einiges über die Abkehr von der schrecklichen Vergangenheit: »Fibeln und Lesebücher für die Grundschule werden von Stücken und Abbildungen gereinigt, die einer Erziehung im friedliebenden Sinne abträglich wären ... Wir wollen uns mit heißem Herzen bemühen, unsere schwer geprüfte deutsche Jugend zu aufrechten, Gerechtigkeit und Wahrheit liebenden und übenden Menschen zu erziehen, die verantwortungsbewußt ins Leben gehen wollen, voll Rücksicht auf ihre Mitmenschen, arbeitsam und friedliebend.«

Doch es findet sich kein Wort darüber, daß gerade diese Schule wie wohl keine sonst in der Welt den jungen Menschen den Unterschied zwischen verantwortungsbewußten und verantwortungslosen Menschen zeigen kann. Statt dessen steht dort nur: »Problem Bullenhuser Damm. In SPD-Bezirksversammlung in der Billbrauerei an Senator Landahl von Eltern die Bitte herangetragen, Gebäude Bullenhuser Damm wieder als Schule zu benutzen. Grund besonders die schlechten Wege auf der Bullenhuser Insel.[112] Die

Frage wurde daraufhin auch im Elternrat angeschnitten. Eventuell Elternratssitzung mit diesem Thema. Voraussetzung wäre aber 1. neues Gestühl, das in dem nötigen Umfang schwerlich geliefert werden wird.« Dann werden von zweitens bis siebentens Probleme wie Heizmaterial, Schülerzahl, Hausmeisterfrage und vor allem Koedukation behandelt. Ein weiteres Protokoll: »Wir entscheiden uns für die Übersiedlung nach dem Bullenhuser Damm unter der Voraussetzung, daß die Tradition der Jungenschule Brackdamm (Schulverein, Schulheim) auf das neue Schulgebäude übergeht und das von der Jungenschule angeschaffte Klavier mitgenommen werden kann.«[113]

Am 25. August 1948 besichtigt das Lehrerkollegium das Schulgebäude am Bullenhuser Damm. »Es fehlen noch Bänke für fünf Klassen«, heißt es im Protokoll. Die Räume werden genau aufgeteilt, vom Werkraum bis zum Raum für den naturwissenschaftlichen Unterricht. Immer noch fehlt jedes Wort über den Mordkeller.

Am 20. September 1948 ziehen die Schulkinder wieder in das alte Gebäude ein. Die Schule ist mit Blumen geschmückt, die Eltern kommen, die Beamten der Schulbehörde, Festreden werden gehalten, ein Schulsportfest wird veranstaltet. Über die toten Kinder wird nicht gesprochen.

Hat man sie vergessen? Will man sie vergessen? Zwei Jahre später, am 23. August 1950, steht ein einziger Satz im Protokoll: »Herr Behr verliest ein Schreiben der VVN und schlägt vor, auf die darin bekanntgegebene Gedenkfeier im Unterricht hinzuweisen.« Das ist alles. Den Schülern wird der Mord an den zwanzig Kindern in ihrer Schule verschwiegen.

Und doch haben die Pauly und Heißmeyer und Trzebinski und Himmler nicht ihr Ziel erreicht, dieses Verbrechen und die Verbrecher in Vergessenheit versinken zu lassen. Die Kameraden des Leides, die Mithäftlinge von Neuengamme, bewahrten das

Gedenken an die gequälten Kinder in ihren Herzen. Jedes Jahr am Tag des Kindermords gingen sie zur Schule am Bullenhuser Damm und legten dort Blumen nieder.

Es war für sie nicht leicht, sich Zutritt zu verschaffen. Der kleine Keller, in dem Strippel die Kinder hatte aufhängen lassen, war mit Gerümpel vollgestellt. Dazu kam, daß die ehemaligen Häftlinge fast alle der VVN angehörten, der Vereinigung der Verfolgten des Naziregimes, und diese Organisation wurde im Adenauerstaat und noch lange danach als »kommunistische Tarnorganisation« bezeichnet und im SPD-Land Hamburg sogar verboten.

Die Erinnerung ist strafbar

Es gab sogar eine Zeit, da war es gefährlich, sich zu dem Andenken an die Kinder zu bekennen. Im März 1956 schrieb die zehnjährige Monika Bringmann einen Brief an die »Kinderlandseite« des »Norddeutschen Echos« in Kiel: »Diese Verbrechen dürfen nie wieder geschehen!« Sie schilderte den Mord an den Kindern vom Bullenhuser Damm und den Curiohaus-Prozeß. Zum Schluß schreibt sie: »Ich selbst kann es gar nicht glauben, daß Menschen so mit den Kindern umgegangen sind. Solche Verbrechen dürfen niemals wieder geschehen, und alle Kinder, die die Kinderlandseite lesen, sollten auch einmal ihre Meinung dazu schreiben.«

Die Kriminalpolizei in Winsen an der Luhe hielt den Leserbrief von Monika Bringmann für eine strafbare Verächtlichmachung des Staates und wollte das Kind vernehmen. Doch der Vater verhinderte das. Es war die Tochter des Neuengamme-Häftlings Fritz Bringmann, der sich dem SS-Befehl zur Tötung sowjetischer Häftlinge widersetzt hatte und seine Kinder zu gleicher Haltung erzog.

Einen zweiten Fall schildert der Schriftsteller Willi Bredel in seinem Buch »Unter Türmen und Masten«:[114]

Ein Lehrer der Schule Bullenhuser Damm habe damals seine Kollegen aufgefordert, den Kindern im Unterricht von der Mordaktion der SS im Keller der Schule zu berichten. »Die Mehrheit der Lehrer hatte jedoch beschlossen, an dies Geheimnis nicht zu rühren.« Darauf habe dieser Lehrer von sich aus den Schülern erzählt, daß hier einmal ein Kinder-KZ war. Zur Strafe sei er der Schulbehörde gemeldet worden und später sogar eine Zeitlang in Untersuchungshaft gewesen.

Der Bericht klingt unwahrscheinlich. Die Hamburger Schulbehörde überprüfte 1979 den Wahrheitsgehalt. Sie kam zu dem Ergebnis, ein solcher Vorfall habe sich in der Schule am Bullenhuser Damm nicht ereignet.

Willy Brandt wird verdächtigt

Von einem Gegner der Sozialdemokraten wurde selbst der sozialdemokratische Bundeskanzler Willy Brandt mit dem Kindermord in Zusammenhang gebracht. Der einzige Bundeskanzler, der aktiven Widerstand gegen die Nazis geleistet hatte, wurde von vielen in diesem Land gehaßt. Die Angriffe gegen ihn wurden zu blindem Haß, als er die Ostverträge mit der Sowjetunion und mit Polen abschloß und zum Gedenken der gefallenen Opfer des Faschismus am 7. Dezember 1970 vor dem Warschauer Ehrenmal niederkniete.

Am 19. März 1970 schrieb der Bonner Kaufmann Gidon Rynar eine Anzeige: Der Kindermord in Hamburg sei von einem SS-Rottenführer Frahm verübt worden. Er bitte zu prüfen, ob es sich dabei um den Bundeskanzler Willy Brandt handele, der bekanntlich ein uneheliches Kind einer Frau Frahm aus Lübeck sei.

Die Hamburger Staatsanwältin Frau Dr. Sarembe leitete gegen Willy Brandt ein Ermittlungsverfahren ein, Aktenzeichen 147 Js 15/70. Dann ermittelte sie, daß nicht Willy Brandt den Mord verübt hatte, sondern der inzwischen hingerichtete SS-Unterführer Johann Frahm. In einer Einstellungsverfügung[115] stellte sie 1971 das Verfahren »wegen Strafklageverbrauchs« wieder ein und schickte vorsichtshalber der »Zentralen Stelle« in Ludwigsburg eine Kopie – für den Fall, daß Willy Brandt nochmals verdächtigt werden sollte.

ARNOLD STRIPPEL – EIN MANN VON RECHTER EHRE

Wie eine Geschichte aus fernen Zeiten

Immer wieder baten die ehemaligen KZ-Häftlinge den Hamburger Senat und die Schulbehörde, die Mordstätte zu einem Gedenkraum zu machen und eine Ehrentafel anzubringen.[116] Inzwischen hatte sich eine internationale Organisation der ehemaligen Gefangenen von Neuengamme gebildet, die »Amicale Internationale de Neuengamme«.

Sicher half der Druck aus dem Ausland: Am 30. Januar 1963, dem Jahrestag der Nazidiktatur, wurde eine Gedenktafel angebracht. Zwar nicht »an« der Schule, wie es die KZ-Häftlinge immer wieder gewünscht und der Senator versprochen hatte, aber doch »in« der Schule – im Treppenhaus, den Blicken der Öffentlichkeit entzogen. Blumen, Kränze, eine amtliche Rede des Schulsenators.

Auf der schlichten Tafel stand zu lesen: »Hier wurden in der Nacht vom 20. zum 21. April 1945, wenige Tage vor Kriegsende, von Handlangern der nationalsozialistischen Gewaltherrschaft zwanzig ausländische Kinder und vier erwachsene Begleiter ermordet. Gedenket der Opfer in Liebe. Lernt den Menschen und sein Leben achten.«

Ausländische Kinder? Warum sagte man nicht, daß es Juden waren? Die 24 ermordeten Sowjetsoldaten wurden gar nicht genannt. Damals war es unwertes Leben. Ist es heute unwerter Tod?[117]

Von diesem Jahre an fand im Eingang der Schule jedes Jahr am 20. April eine kleine Gedenkfeier statt. Der Senat schickte einen Kranz, die Schulbehörde einen Redner. Die Kameraden aus Neuengamme brachten Blumen. Aber jedes Jahr wurden sie weniger.

Und jedes Jahr rückte die Schilderung vom Tod der Kinder weiter in die Vergangenheit. Es schien ein Ereignis aus einer sehr fernen Zeit, aus der niemand mehr lebt. Die Opfer nicht, ihre Familien nicht, die Täter nicht.

»Mein armer kleiner Bruder!«

Durch einen Zufall waren die Namen der Kinder erhalten geblieben. Der dänische Arzt Dr. Henry Meyer hatte sie aus dem Konzentrationslager Neuengamme mitgebracht. Er war selbst anderthalb Jahre Häftling gewesen und durch die Rettungsaktion des schwedischen Roten Kreuzes befreit worden. In den letzten Tagen vor der Abreise arbeitete er im »Skandinavierlager« von Neuengamme als Arzt. Nach seiner Rückkehr am 6. Mai 1945 schrieb er einen »Bericht für das dänische Rote Kreuz«, der im Buch des schwedischen Professors Rundberg »Rapport fra Neuengamme« enthalten ist.[118] Darin schildert Henry Meyer auch medizinische Experimente an Häftlingen, erwähnt die Tuberkuloseversuche Heißmeyers und nennt die Namen der Kinder.

Möglicherweise hat er die Namensliste von einem Neuengammer Häftling erhalten. Das läßt sich nicht mehr aufklären. Dr. Meyer, der lange Jahre am Amtskrankenhaus in Apenrade gearbeitet hat, ist Anfang der sechziger Jahre gestorben.

Doch die Liste half nicht viel weiter, als wir nach den Angehörigen der Kinder zu suchen begannen. Denn die Nazis hatten bei ihrem Untergang alle KZ-Archive vernichtet.

Schließlich fanden wir die Familie der beiden Brüder Alexander und Eduard Hornemann. Mit der Hilfe des holländischen Journalisten Albert Eikenaar entdeckten wir im Amsterdamer »Rijksinstituut voor Oorlogsdocumentatie« den Hinweis, daß sie aus Eindhoven stammten. Wir fanden das Haus in der Staringstraat 29. Dort hatten die Hornemanns gewohnt, bis Ende 1942 ihr Haus von den Deutschen beschlagnahmt und einem Mann vom Sicherheitsdienst namens Vorberg zugeteilt wurde. Auch das Haus in der Gagelstraat 49 gibt es noch, vor dem am 20. August 1943 jener Philips-Bus hielt, der die Mutter Elisabeth Hornemann, »Bets« genannt, und ihre beiden Söhne ins KZ-Lager Vught brachte. Wäre sie damals mit ihrer Schwester Ans in das Versteck zum alten Pastor Vonk nach Aarle-Rixtel gegangen – vielleicht wären sie und die beiden Kinder vom Tod im KZ verschont geblieben. »Tante Ans« lebt heute in Utrecht. Vom Tode ihrer Schwester Bets hatte sie gleich nach dem Ende des Krieges erfahren. Mithäftlinge aus Auschwitz, die nach der Befreiung zurückgekehrt waren, hatten es ihr berichtet. Doch niemand wußte, wo die beiden Kinder geblieben waren, nachdem sie an einem Septembermorgen 1944 beim Appell vor ihrer Baracke in Auschwitz aufgerufen und weggebracht worden waren. Immer noch hatte »Tante Ans« gehofft, ihre beiden Neffen seien irgendwo in Rußland verschollen und kämen eines Tages zu ihr zurück. Sie weinte sehr, als sie hörte, daß die Kinder tot waren. Viele Nächte lang konnte sie nicht mehr schlafen. Und doch, sagte sie, war dieses Wissen besser als die dreißigjährige Ungewißheit.

Auch Philippe Kohn sagte das, der Bruder von Georges Kohn. Wir fanden ihn mit der Hilfe des Pariser Rechtsanwalts Serge Klarsfeld, der eine Dokumentation mit den Namen der deportierten Juden Frankreichs herausgegeben hat.[119]

In der Namensliste des »Convoi No. 79« standen die Namen der Familie Kohn. Doch nur noch Philippe Kohn lebte in einem Pariser Vorort. Nachdem er mit seiner Schwester Rose-Marie aus dem Deportationszug gesprungen war und sich beim Bahnhofsvorsteher von St. Quentin bis zur Befreiung durch die Amerikaner versteckt gehalten hatte, waren sie beide nach Paris zurückgekehrt. Es gibt ein Foto, das Rose-Marie und Philippe Kohn im Kreise derer zeigt, die mit ihnen aus dem Deportationszug geflüchtet waren. Sie feierten alle zusammen den 8. Mai 1945, den Tag, an dem die Welt nach dem Ende des deutschen Faschismus wieder aufatmete.

Philippe und Rose-Marie Kohn haben traurige Gesichter auf diesem Bild: Sie wußen damals nichts vom Schicksal ihrer Eltern und ihrer beiden Geschwister Antoinette und Georges. Einige Wochen später kehrte ihr Vater Armand Kohn krank aus Buchenwald zurück. Dann erfuhren sie, daß ihre Mutter und ihre Schwester Antoinette von Auschwitz nach Bergen-Belsen transportiert und dort verhungert waren. Nach Georges suchten sie überall unter den Heimkehrenden, fanden auch einige Augenzeugen aus Auschwitz, aber dort verlor sich seine Spur. Schließlich wurde Georges-André Kohn für tot erklärt, und die französische Regierung verlieh ihm den Heldentitel »Mort pour la France« – gestorben für Frankreich. Bis zu ihrem Tode haben Armand Kohn und seine Tochter Rose-Marie, die jung an Krebs starb, nichts mehr von Georges gehört. Philippe weinte, als wir ihm Nachricht brachten. »Mein armer kleiner Bruder.«

Unter den 75721 Namen deportierter Juden fanden wir auch den von Jacqueline Morgenstern. Mit dem »Convoi No. 74« war sie zusammen mit ihrem Vater Karl, geboren am 6.10.1903, und ihrer Mutter Suzanne, geboren am 19.2.1907, am 20. Mai 1944 vom Bahnhof Bourget-Drancy nach Auschwitz transportiert worden. Es war ein großer Transport gewesen. 1200 Menschen. Lebend zurückgekehrt sind 49 Männer und 108 Frauen. Die drei Morgensterns waren nicht darunter.

Aber es gab noch lebende Familienangehörige in Paris: Im alten Judenviertel Belleville wohnten Dorothéa Morgenstern, eine Tante von Jacqueline, und ihr Sohn, der Zahnarzt Henri Morgenstern. Sie haben über ihr Schicksal unter der deutschen Besetzung Buch geführt.

Hier ein Auszug aus dem Bericht von Dorothéa Morgenstern aus dem Jahre 1979: »Jacquelines Vater und mein Mann, die beiden Brüder Charles und Leopold Morgenstern, hatten einen großen Friseursalon in der rue Beaurepaire Nummer 8 am Place de la Republique. Als sie 1940 vom Militär zurückgekommen sind, haben sie das Geschäft wieder geöffnet. Unter ihren Kunden waren auch viele Deutsche. 1941 wurde ein Zwangsverwalter eingesetzt, ein gewisser Cornillaud. Alle jüdischen Geschäfte haben so einen Verwalter bekommen. Er hat das Geschäft durch einen Notar in Orléans auf sich überschreiben lassen. Bezahlt hat er jedem Bruder 25 000 Francs, das sind heute 120 Mark. Ich wollte nicht unterschreiben, aber die Suzanne hat gesagt: ›Was ist besser, nach Drancy zu gehen oder zu unterschreiben?‹ Wenn dem so ist, habe ich gesagt, werde ich unterschreiben.

1942 hat man uns gesucht. Aber Poldi hat einen Ausweis gehabt, daß er arbeitet. Jacken für Stalingrad, Pelzjacken für die Deutschen. Da hat er so einen Wisch bekommen, daß er noch bleiben darf. Aber Charles hat nicht so einen Ausweis gehabt. Deshalb hat er sich eine Zeitlang im achten Arrondissement versteckt. Dort hat die Schwester von der Suzanne eine kleine Wohnung gehabt. Aber auf die Dauer war da kein Leben möglich. Er hatte ja auch nichts zu essen. Da ist die Suzanne zu diesem Cornillaud gegangen: ›Herr Cornillaud, Sie haben jetzt das Geschäft, wir sind in einer so verzweifelten Lage, vielleicht können Sie uns helfen. Können Sie meinen Mann auf die andere Seite rüber bringen?‹ Der Cornillaud hat gesagt: Ja, er hat dort einen Bekannten. ›Ich werde Ihren Mann hinüberbringen, und er wird dann weiterfahren nach Marseille.‹

Als Charles in Marseille war, ist seine Frau, die Suzanne, mit der Jacqueline nachgefahren. Sie hatte sich von jemandem einen französischen Ausweis geborgt und ihr Foto draufgeklebt. Ihre Sachen hat sie verteilt, das ganze Hab und Gut, das sie gehabt hat. Das war im September 1943.

Ich habe sie dann nie mehr wiedergesehen, die Suzanne und den Charles und die Jacqueline. Sie haben in einem kleinen Zimmerchen gewohnt. Suzanne hat eine Arbeit gefunden als Stenotypistin, und Charles hat gearbeitet von links nach rechts, wo er etwas finden konnte. Jacqueline ist ganz normal in die Schule gegangen. Sie war doch schon ein Mädel von zwölf Jahren.

Inzwischen hat man uns wieder gesucht. Wir wohnten damals 31, rue de Belleville. Am 18. Oktober 1943, abends um elf Uhr, hat man an die Tür geschlagen: ›Police!‹ Wir haben nicht geöffnet. Ungefähr fünf Minuten sind wir ganz still gewesen, ohne zu öffnen. Da hat die Polizei gerufen: ›Wir wissen, daß Sie da sind, und wenn Sie nicht öffnen, werden wir die Tür aufbrechen.‹ Da haben wir gesagt: Die Tür aufbrechen? Die wissen, daß wir da sind? Also öffnen wir die Tür.

Man hat die Tür geöffnet, zwei Mann waren da, französische Polizei, einer hat einen Revolver in der Hand gehalten, und wir haben die Hände erhoben, mein Mann, Henri und ich. Der kleine Jackie lag nebenan mit Fieber. Ich bin in Ohnmacht gefallen für einige Zeit, und Henri hat überall erbrochen vor Nervosität. Er war damals neun Jahre alt. Dann hat der Henri gerufen: ›Was sind wir denn, sind wir Mörder oder Diebe, daß Sie nachts um elf hier einbrechen?‹

Als ich wieder sprechen konnte, habe ich gesagt: ›Ich bin in anderen Umständen, das Kind ist krank. Lassen Sie doch meine Leute zu Hause. Sagen Sie, Sie haben uns nicht angetroffen!‹ Aber die wollten ja nicht. Da hat der Papa seinen Rucksack genommen, und auch der Henri war schon angezogen, um mitzugehen. Er hatte sein Päckchen auf dem Rücken.

Inzwischen haben die Nachbarn einen Doktor geholt. Er hat mir eine Spritze gegeben und hat zu der Polizei gesagt: ›Wenn

Sie diese Frau mitnehmen, dann stirbt sie Ihnen auf dem Weg!‹ Mein Mann hat zu ihnen gesagt: ›Lassen Sie meine Frau und meine Kinder! Nehmen Sie mich!‹ Dann hat er seinen Ring vom Finger gezogen, hat die Taschenuhr und die Kette aus der Tasche geholt und mir gegeben. Da haben sie uns zurückgelassen und ihn mitgenommen. Sie haben noch gesagt: ›Morgen kommen wir wieder.‹

Morgens in aller Frühe waren wir schon nicht mehr zu Hause. Wir sind in ein Dispensaire, dort war die ›Organisation OSE‹.[120] Die haben die Kinder untergebracht, und ich wußte bis zur Befreiung nicht, wo sie sind, wie sie sind. Es war eine Ärztin, Dr. Breton, die ist jeden Monat hingefahren, um zu schauen, wie es den Kindern geht. Sie hat mir immer nur gesagt: ›Ihre Kinder leben, Ihre Kinder leben.‹ Ich habe erst nach der Befreiung erfahren, daß man sie in dem kleinen Dorf La Chapelle du Bois de Faux in der Normandie versteckt hatte, bei Evreux. Zurückgekommen sind sie im November 1944.

Ich habe inzwischen im Geheimen meine Tochter geboren, als ›Madame X‹, weil ich anonym im Hospital war. Deshalb wurde das Mädchen Françoise Marie Anni X genannt. Ich wurde dann von einer Ärztin in ihr Heim genommen, eine sehr, sehr feine Dame, Madame Chatelain, die mich sechs Monate bei sich behalten hat. In dieser Zeit habe ich einen Brief aus Marseille bekommen, von Suzanne. Sie schreibt mir: ›Liebe Dora, jeden Brief von Dir lesen wir mit großer Traurigkeit, die Augen voller Tränen. Aber ich weiß, daß Du tapfer bist in der Hoffnung, daß Du eines nahen Tages Deinen Mann und Deine Kinder wiedersehen wirst. Sieh mal, auch wir sind hier ja wieder zusammen seit drei Monaten, und es scheint mir, als ob wir uns niemals verlassen hätten. Vor allem Charles hatte viel Kummer in der Zeit unserer Trennung, ich selber auch. Das ist nun vergessen, und wir hoffen, daß es Dir eines Tages genauso geht. Selbst im Unglück sieht man immer noch Unglücklichere als sich selbst.‹

Doch bald darauf gehörten sie selbst zu den Allerunglücklichsten, als man sie in Marseille denunziert und verhaftet hat. Die Jacqueline hat allein zu Hause gesessen und ihre Schularbeiten gemacht. Da ist die französische Polizei gekommen und hat die Jacqueline gefragt: ›Weißt du, wo deine Mutter ist?‹ Jacqueline hat geantwortet, daß sie arbeitet und wo sie arbeitet. Man hat das Kind mitgenommen, und es hat zeigen müssen, wo die Suzanne arbeitet. Da ist die Suzanne mitgenommen worden, damit sie zu Hause das Gepäck fertigmacht. Dann sind sie zu der Stelle gefahren, wo der Charles arbeitet. Aber der war gewarnt und ist weggelaufen.

Als er in das gegenüberliegende Haus kam, um zu beobachten, wie sie die Suzanne und Jacqueline ins Auto brachten, da hat die Jacqueline aufgeschrien: ›Da ist ja mein Papa!‹ Und der Charles wurde auch verhaftet. Sie sind dann alle drei umgekommen. Die Suzanne in Auschwitz, der Charles in Dachau und die Jacqueline am Bullenhuser Damm.

Aber das haben wir erst lange nach der Befreiung erfahren. Ich wollte damals in meine Wohnung zurück, die war aber besetzt von einer Nachbarin, und ich habe sie erst 1945 durch einen Prozeß zurückbekommen. So lange habe ich in einem Hotel gewohnt in einem Zimmer, das nicht größer war als meine heutige Küche. Da waren wir alle vier und haben am Boden geschlafen. Als meine Kinder zurückgekommen sind, waren sie ganz verlaust, aber ich habe Gott gedankt, daß ich sie lebend habe.

Eines Tages kam eine Karte von Poldi aus Dachau, mit dem Stempel vom 8. Mai 1945. Da hat er in deutsch geschrieben: ›Ich komme bald zurück.‹ Immer wenn es an der Tür geklopft hat, dann haben die Kinder gerufen: ›Das ist der Papa.‹ Aber es war nicht der Papa. Statt dessen ist eines Tages ein Mann gekommen, als ich nicht zu Hause war, und hat der Nachbarin gesagt, daß der Poldi gleich nach der Befreiung gestorben ist, weil er so schwach war. Die Nachbarin hat nicht den Namen von dem Mann aufgeschrieben, und ich habe nie wieder etwas von ihm gehört. Nur eine Todesbescheinigung kam eines Tages aus Deutschland.

Wir haben dann später versucht, das Geschäft zurückzubekommen. Der Cornillaud hat zwei Advokaten bezahlt, ich mußte einen kostenlosen Rechtsbeistand nehmen. Sie haben sich darauf berufen, daß das Geschäft nicht erpreßt worden ist, sondern daß wir es freiwillig verkauft haben. Als Beweis haben sie einen Brief vorgelegt, den die Suzanne an den Cornillaud geschrieben hat, als sie schon alle in Marseille waren: Geehrter Herr Cornillaud, mein Mann ist gut herübergekommen. Er ist schon bei meinen Verwandten, und ich danke Ihnen sehr für den Dienst, den Sie uns erwiesen haben. Viele Grüße, mit Dank, Suzanne Morgenstern.

Dieser Brief ist vor Gericht verlesen worden, ich war zugegen. Da hat der Richter betont, daß ein Mensch, dem man so einen Brief schreibt und ihm dankt, kein Feind gewesen sein kann, sondern nur ein Freund. Und er hat das Geschäft dem Cornillaud gelassen.

Wenn ich an all diese schweren Zeiten denke, dann vor allem an Madame Chatelain, die meine Kinder gekannt hat und die mit uns soviel Mitleid gehabt hat. Ich habe bei ihr gutes Essen gehabt, gute Behandlung, ein Zimmer, mein Kind hat Pflege gehabt. Gott soll diesen Leuten zahlen mit allem Guten, für das, was sie an uns getan haben.«

Das Gericht schützt Arnold Strippel

Auf ihren Dolchen hatten die SS-Leute den Spruch eingeschliffen: »Meine Ehre heißt Treue.« Sie sind dem, was sie unter Ehre verstanden, treu geblieben, als die Menschheit sich schon von ihnen befreit glaubte, auch Arnold Strippel.

Als ich im März 1979 den Bericht »Der SS-Arzt und die Kinder« im »Stern« veröffentlichte,[121] beantragte der ehemalige SS-Obersturmführer Strippel beim Landgericht Frankfurt eine einstweilige Verfügung. Er fühlte sich in seiner Ehre verletzt. Vor allem war es dieser Satz im »Stern«, der unter einem Foto von Arnold Strippel stand: »Einer der für den Tod der Kinder Verantwortlichen lebt mitten unter uns: der ehemalige SS-Obersturmführer Arnold Strippel.«

Er gab vor Gericht eine eidesstattliche Versicherung ab, in der er behauptete: »Die im ›Stern‹ Nr. 11 von heute aufgestellten Behauptungen über meine angebliche Verantwortlichkeit am Schicksal der im Lager Neuengamme ermordeten Kinder sind unwahr. Das Konzentrationslager unterstand zur fraglichen Zeit dem SS-Obersturmbannführer Pauly. Ich war Leiter des weit entfernt gelegenen Arbeitsaußenlagers Spaldingstraße in Hamburg... Von den empörenden Vorgängen um die Kinder habe ich erst nachträglich erfahren.«

Wer diese Erklärung genau liest, entdeckt zwei Unstimmigkeiten. Zwar lag das Lager Spaldingstraße tatsächlich 22 Kilometer weit von Neuengamme entfernt, dessen Kommandant Pauly war. Aber die Kinder wurden nicht »im Lager Neuengamme ermordet«, sondern im Lager Bullenhuser Damm. Das aber lag 2000 Meter von Strippels Lager Spaldingstraße entfernt. Außerdem war er nicht Leiter dieses Außenlagers gewesen, sondern Leiter aller Außenlager im Hamburger Gebiet, auch der Mordstätte.

Doch die 3. Zivilkammer des Landgerichts Frankfurt hörte den »Stern« und den Autor gar nicht erst an, sondern schützte die Ehre Strippels mit einer einstweiligen Verfügung. Dem »Stern« wurde am 9. März 1979 verboten zu sagen, Strippel sei »für die Ermordung von 20 Kindern im Konzentrationslager Neuengamme verantwortlich«. Und als wir die Veröffentlichung der Dokumentation über den Kindermord mit der Aussage Trzebinskis über das Erhängen der Kinder fortsetzten, bestrafte das Gericht den »Stern« mit einem »Ordnungsgeld« von 100 000 Mark.

Die »Hinrichtung« des wehrlosen KZ-Mannes

5. April 1979. Eine gespenstische Szene im Saal 122 des Frankfurter Landgerichts: Da steht ein schrankbreiter Mann, straff aufgerichtet, graues Haar, ein massiger Schädel mit einer dicken Hornbrille. Arnold Strippel. Elf Jahre lang war er von Beruf KZ-Scherge in Europa gewesen. Wegen Beihilfe zum Mord an 21 Juden in Buchenwald rechtskräftig verurteilt. Nie wird sich aufklären lassen, wie viele Menschen er wirklich zu Tode gequält hat. Sein Anwalt, Dr. Rainer Eggert, spricht von »einer geschickt inszenierten publizistischen Hinrichtung eines Mannes, der sich nicht wehren kann«.

Das Wort »Hinrichtung« ruft beim Anblick Strippels den Geschmack von Blut auf der Zunge hervor. Er streitet alles ab. Sei nicht zuständig gewesen. Habe nichts gehört. Gibt eine neue eidesstattliche Versicherung ab: »Jedes der Außenlager hatte einen eigenen Lagerführer; mir unterstand das Außenlager Spaldingstraße.« Was ist schon eine falsche eidesstattliche Erklärung, verglichen mit achtundvierzigfachem Mord? Die Ehre des Herrn Strippel …

In einer Verhandlungspause zeigt sein Sohn und Leibwächter auf die Autoren: »Das ist er …!« Strippel sieht sich um. Einen Augenblick lang denke ich: Was, wenn jetzt nicht 1979, sondern 1944 wäre, und jemand sagte zu Strippel: »Das ist er«? So, wie man ihm am 9. November 1939 in Buchenwald die 21 Juden gezeigt hat: »Das sind sie!«

Das Gericht weist Strippel ab: »Seinen unvollständigen eidesstattlichen Versicherungen« könne »kein Glaube mehr geschenkt werden«. Seine »Beteiligung an der Tötung der Kinder« sei »mit den vorgelegten Protokollen über die Vernehmung der seinerzeitigen Angeklagten im Militärgerichtsprozeß glaubhaft gemacht«. Auch wenn Strippel wegen der Ermordung der Kinder nicht verurteilt worden sei, dürfe der »Stern« ihn doch »als einen der Täter bei der Ermordung der Kinder« bezeichnen.[122]

Eine Szene wie aus dem Alten Testament

Wie ein Reisender in Sachen KZ-Mord fährt der ehemalige SS-Obersturmführer Arnold Strippel damals jede Woche zweimal von Frankfurt nach Düsseldorf. Dort steht er seit dem 26. November 1975 mit dreizehn anderen SS-Schergen wegen der Morde im Vernichtungslager Majdanek vor Gericht.

Strippel sieht die Sache ganz ruhig. Der Vorwurf gegen ihn ist vergleichsweise bescheiden. Während gegen die anderen wegen des Mordes an 250 000 Häftlingen verhandelt wird,[123] braucht er sich nur für die Tötung von 42 sowjetischen Kriegsgefangenen am 14. Juli 1942 zu verantworten. Auch hier streitet Strippel alles ab: »Von den Häftlingstötungen im KL Lublin/Majdanek wollte der Angeschuldigte zunächst keine Kenntnis erlangt haben. Er hatte angegeben, zu seiner Zeit seien in diesem Lager keine Häftlinge liquidiert worden. Von Erschießungen sei ihm nichts bekannt; die Gaskammer kenne er nur im Zusammenhang mit der Desinfektion von Bekleidungsstücken u. ä.«[124]

Sogar seine Dienststellung leugnete er ab, solange es eben ging: »Der Angeschuldigte hatte zunächst bestritten, jemals 2. Schutzhaftlagerführer gewesen zu sein. In einer späteren Vernehmung gab er dann an, ihm sei nicht mehr erinnerlich, zum 2. Schutzhaftlagerführer ernannt worden zu sein. In einer weiteren Vernehmung räumte er ein, man habe ihn möglicherweise als 2. Schutzhaftlagerführer bezeichnet, er habe sich jedoch nicht als solcher gefühlt. Bei Vorbehalt der von ihm als ›1. Schutzhaftlagerführer‹ oder

›2. Schutzhaftlagerführer‹ unterzeichneten Schriftstücke räumte der Angeschuldigte ein, er habe möglicherweise den 1. Schutzhaftlagerführer vertreten, dies jedoch nicht bei schwerwiegenden Sachentscheidungen.«[125]

An einem Verhandlungstag im Juni 1979 sitzen elf Franzosen im Zuhörerraum. Kinder von ermordeten Juden. Henri Morgenstern ist unter ihnen, der Vetter der ermordeten Jacqueline Morgenstern. Er berichtet:

»Wenige Meter von mir entfernt, mit dem Rücken zu mir, sitzt Arnold Strippel. Ich erkenne ihn an seinem Profil. Meine Hände werden feucht und kalt, eine ungeheure Erregung packt mich. So drückt sich das Grausen aus, das ich vor diesem Mörder empfinde, der meine kleine Cousine aufgehängt hat.«

Plötzlich springen die Franzosen auf und rufen »Nazimörder!« und »Keine Verjährung!« und »Kein Freispruch für die Mörder unserer Eltern!« Die Richter verlassen den Saal. Auch einige Angeklagte gehen, aber drei von ihnen bleiben, auch Arnold Strippel. Er dreht den Franzosen den Rücken zu.

Da beginnt Henri Morgenstern zu reden, in deutscher Sprache:

»Wir sind hier, weil wir die Kinder der Opfer sind, die Sie hingerichtet haben. Daß wir heute noch leben, haben wir einem wahren Wunder zu verdanken. Es ist fast unglaublich, daß heute überhaupt noch jemand von uns diesen Protest erheben kann, weil nahezu alle Juden hingerichtet wurden. In Wahrheit, die Sie sehr gut kennen, ist es so, daß dieses Deutschland heute judenrein ist oder zumindest nahezu. Dieses saubere Land mit seinen wunderbaren Wiesen, Feldern und Wäldern hat auch den Judenmord als Sauberkeit angesehen. Bevor man uns Juden in die Gaskammern brachte, haben sie uns mit einem kleinen Lächeln gesagt: ›Man muß sauber sein. Nehmen Sie eine gute Dusche!‹

Und er dort! Seht Strippel an, diesen Mörder, der es nicht wagt, mir ins Gesicht zu sehen, ein Feigling, ein Kindermörder! Mein Name ist Henri Morgenstern. Er hat meine kleine Cousine

Jacqueline Morgenstern aufgehängt, die zwölf Jahre alt war, zusammen mit neunzehn anderen Kindern im Keller der Schule am Bullenhuser Damm in Hamburg, 1945.

Sehen Sie diesen Mörder an, wie er seinen Kopf senkt! Was lehrt uns sein Beispiel? Diese Leute sind gefährlich, schrecklich gefährlich. Ich spreche hier nicht, um an eine schmerzhafte Vergangenheit zu erinnern, die uns weh tut. Ich spreche hier, um meine Kinder vor der Gefahr zu schützen, die wir erlebt haben.

Verurteilen Sie die Mörder so, daß solche Verbrechen sich niemals wiederholen können! Wenn das Gericht diese Mörder verteidigt, macht es sich zu ihrem Komplizen. Das ist für uns ein Skandal. Deshalb schreien wir es hier hinaus, und wir werden es so lange schreien, wie wir leben: Verurteilt die Nazimörder!

Dieser Tag ist der schönste meines Lebens, und ich danke Gott, der mir diese Gnade geschenkt hat, mit meinen eigenen Augen den Mörder meiner Cousine zu sehen. Meine ganze Familie ist von solchen Leuten wie Strippel ermordet worden, und ich habe mir nie vorstellen können, daß ich die Freude haben werde, mit meinen eigenen Augen die Mörder eines meiner Familienmitglieder vor einem Gericht zu sehen. Den Mörder eines kleinen Kindes, schwach und unfähig, sich zu verteidigen. Hier sehen Sie ihn: diesen Mörder! Diese Leute haben noch unser Blut an den Händen, und kein Gericht und kein Richter kann etwas anderes tun, als diese gefährlichen Wesen für ihr ganzes Leben hinter Gitter zu sperren, denn sie können jeden Augenblick neu anfangen.

Wir werden so lange unsere Forderung hinausschreien, wie die deutsche Justiz nichts tut, um unser Vertrauen zu gewinnen. Wir wollen keine Rache, wir wollen Gerechtigkeit.«

Es ist wie in einer Szene aus dem alten Testament: Auge in Auge stehen sie sich gegenüber. Strippel schweigt. Die Anwälte rufen: »Aufhören! Wir kennen das schon!« Dann kommt die Polizei, räumt den Saal. Zwei Demonstranten werden verletzt. Am

30. Juni 1981 wird das Urteil gesprochen: Strippel wird wegen Beihilfe zum Mord in 41 Fällen zu drei Jahren und sechs Monaten Haft verurteilt. Aber gleichzeitig erhält er vom Gericht Haftverschonung. Auch die Massenmorde von Majdanek braucht er nicht zu sühnen.

Am Morgen waren die zehn Frauen tot

Als im »Stern« der Bericht über die Ermordung der zwanzig Kinder erschienen war, zeigten die Angehörigen der Ermordeten Strippel an. Dorothéa und Henri Morgenstern, Philippe Kohn, Ans van Staveren (die Tante von Alexander und Eduard Hornemann), Theodora Deutekom (die Tochter des Krankenpflegers Dirk Deutekom) und Alberta Bezem-Hölzel (die Tochter des Krankenpflegers Anton Hölzel) beauftragten die Hamburger Rechtsanwältin Barbara Hüsing, eine Strafanzeige wegen Mordes zu erstatten. Die Staatsanwaltschaft nahm das Ermittlungsverfahren gegen Strippel wieder auf.

Da meldete sich aus Holland die Überlebende eines weiteren Verbrechens von Arnold Strippel: die 68jährige Pensionärin Non Verstegen aus Arnheim, die als antifaschistische Widerstandskämpferin in das KZ Vught eingeliefert worden war. Dort wurde sie ein Opfer des »Bunkerdramas von Vught«. Sie hat darüber schon im März 1946 ein Protokoll aufgezeichnet:

»Am Abend des 12. Januar 1944 gab es im Schlafsaal eine heftige Diskussion, weil aufgedeckt worden war, daß die deutsche Gefangene Jedzini in einem Brief an die Oberaufseherin ehemalige Mitgefangene verraten hatte. Sie sollten Untergetauchten geholfen haben. Auf meine Frage gab sie den Verrat zu. Wir drohten, ihr bei einem neuen Verrat die Haare abzuschneiden. Schon am nächsten Tag meldete sie mich bei der Oberaufseherin. Ich wurde zum Verhör bestellt. In der Mittagspause besprach ich diesen erneuten Verrat mit den Mitgefangenen. Wir griffen uns die Jedzini und schnitten ihr die Haare ab. Jedzini ist darauf wieder hingegangen und hat dies angezeigt.

Ich wurde geholt und zum Kommandanten Grünewald gebracht. Ihm mußte ich berichten, was geschehen war, und er forderte mich dreimal auf, die Namen der anderen zu nennen. Als ich mich weigerte, bestrafte er mich mit Dunkelarrest auf unbestimmte Zeit, bis ich sprechen werde. 50 Stunden lang stand ich in einer ungeheizten, klatschnassen Zelle ohne jedes Möbelstück. Meinen Mantel mußte ich beim Betreten der Zelle abgeben.

Jedzini hatte vor den Folgen ihres Verrats solche Furcht, daß sie in der Nacht nach meiner Arretierung zu flüchten versuchte. Dabei wurde sie durch einen Wachposten angeschossen; an den Folgen der Verletzung starb sie eine Woche später im Krankenhaus.

Am Abend meiner Arretierung gingen fast alle Frauen von Block 23 B, wo alles sich abgespielt hatte, zur Wachstube, um ihre Nummer anzugeben. Sie wollten damit angeben, daß sie mit dem Haareabschneiden einverstanden waren. Dies wurde zu einer ›Meuterei‹ erklärt, und Sonnabendabend um 6 Uhr wurden alle Unterzeichner in den Bunker gebracht, in zwei Gruppen. Als die erste Gruppe von 49 Frauen in eine kleine Einzelzelle (2,37 × 4,02 × 2,35 m) gebracht worden war, wurde ich hinzugefügt. Als danach die zweite Gruppe kam, wurden davon noch so viele wie möglich in unsere Zelle gepreßt, wobei Kommandant Grünewald, in Anwesenheit seines Adjutanten und von Schutzhaftlagerführer Strippel, persönlich die letzten hineindrückte, um so viele wie möglich hineinzubekommen. Wir haben später gezählt, in der einen Zelle waren 74 Personen. Die anderen 17, die unmöglich hineingepreßt werden konnten, wurden zusammen in einer zweiten, gleichen Zelle untergebracht.

Bei uns war es so voll, daß wir uns überhaupt nicht bewegen konnten. Die Luftversorgung war sehr schlecht. Erst nach einigen Stunden gelang es uns, den kleinen Fensterflügel, der in seinem Rahmen klemmte, zu öffnen. Zu dieser Zeit waren bereits eine Anzahl von Frauen bewußtlos, und es wurden im Laufe der Nacht immer mehr. Der Zustand verschlimmerte sich dadurch, daß es in der Zelle vollständig dunkel war, durch den rasenden Durst und später auch dadurch, daß eine von uns in einem plötzlichen Anfall von Wahnsinn verschiedene andere biß. Wir zogen uns die Kleider vom Leib und leckten das Kondenswasser auf, das von der Decke lief. Später merkten wir, daß wir durch das Stehen an der Mauer Brandwunden bekamen und daß wir mit dem Kondenswasser unsere Lippen verbrannten. Das frische Mauerwerk gab Salpetersäure ab. Als endlich um halb acht die Tür aufging, lagen 34 Körper aufgestapelt in der Mitte, während die 40 anderen gegen die Mauern und gegeneinander lehnten. Später zeigte sich, daß zehn Frauen gestorben waren. Viele waren lange Zeit krank, und einige andere sind später an den Folgen dieser Nacht gestorben. Bei vielen anderen, die später im Lager starben, wird das Durchgestandene der Bunkernacht mitgewirkt haben, so daß die tatsächliche Anzahl der Opfer nicht mit Sicherheit festgestellt werden kann.«

Auch Non Verstegen beauftragte die Anwältin Barbara Hüsing mit einer Strafanzeige gegen Strippel. Sie bekräftigte dabei noch einmal: »Ich habe gesehen, wie Strippel eigenhändig Frauen in die Zelle gepreßt hat.«

Die Rechtsanwältin machte eine merkwürdige Entdeckung: Seit elf Jahren gab es bei der Staatsanwaltschaft in Frankenthal eine dicke Akte »Bunkermord«. Es waren sechstausend Blatt. Der holländische Staatsanwalt hatte sie seinen Kollegen geschickt, und Frankenthal war zuständig, denn dort wohnte der letzte Kommandant des Konzentrationslagers Vught, Benno Hüttig.

Aber nichts war geschehen in diesen elf Jahren. Warum nicht? Da entdeckte die Rechtsanwältin den Notizzettel eines Staatsanwalts: »In den Akten befindet sich teilweise unübersetztes niederländisches Beweismaterial, dessen Inhalt nicht bekannt ist.«

Es schien unglaublich, daß ein Massenmordfall elf Jahre lang nicht bearbeitet wird, nur weil ein holländischer Dolmetscher fehlt. Und als Barbara Hüsing beim Justizminister Theisen von Rheinland-Pfalz anfragte, stritt der alles ab: Selbstverständlich seien die Akten ordentlich ausgewertet und übersetzt worden. Kein Anlaß zur Befürchtung, die Justiz sei nachlässig bei der Verfolgung von KZ-Mördern.

Aber die Hamburger Rechtsanwältin gab nicht nach, und schließlich kam heraus: Der Staatsanwalt Willi Beißwenger hatte das ganze niederländische Material unbearbeitet gelassen. Von seinen Vorgesetzten wurde er gedeckt.

Der Justizminister mußte zurücktreten. Gegen den Staatsanwalt wurde ein Ermittlungsverfahren wegen »Strafvereitelung im Amt« (Freiheitsstrafe von sechs Monaten bis zu fünf Jahren) eingeleitet. Und das Bunkermordverfahren gegen Strippel wurde an die Staatsanwaltschaft in Frankfurt abgegeben. Das elf Jahre lang gehemmte Recht hätte wieder seinen Lauf nehmen können.

Nicht lange. Das Verfahren gegen den Frankenthaler Staatsanwalt Beißwenger wurde bald eingestellt. Er habe ja nicht vorsätzlich gehandelt. Und im Mordverfahren gegen Strippel unterschrieb der Frankfurter Staatsanwalt Peter Bötte im Mai 1983 seine »Einstellungsverfügung«. Er schildert das Konzentrationslager Vught so: »Zu Tötungen von Häftlingen ist es nach den vorliegenden Erkenntnissen – abgesehen von Massenerschießungen im Spätsommer 1944 bei der Auflösung des Lagers – nur vereinzelt gekommen.«[126] Im Lager hätten »(relativ) günstigere Verhältnisse« geherrscht. Zum Bunkermord ließen sich »keine gesicherten Feststellungen darüber gewinnen, wer von den Angehörigen des

Lagerpersonals ... aktiv wurde und entweder Befehle oder Anordnungen gab oder beim Hineindrücken der Frauen in die Zelle und beim Schließen der Zellentür Hand anlegte«.

Auf diese Weise wurden die präzisen Angaben von Non Verstegen und anderen Frauen über Strippels Anwesenheit beim Bunkermord (Anwesenheit ist juristisch mindestens Beihilfe zum Mord) abgetan. Der Staatsanwalt hatte für die SS-Täter eine verständnisvolle Entschuldigung: Sie waren »keine Mediziner, denen sich der Gedanke an eine Gefährdung der eingeschlossenen Frauen durch Sauerstoffmangel usw. mit Gewißheit aufdrängen mußte.« Die gefangenen Frauen waren sozusagen an ihrer Gefährdung mitschuldig, weil »sie ohne große Widerstände in die erste Zelle hineingingen«. Es war also kein Mord, sondern nur »eine ziemlich große Gedankenlosigkeit, nicht an die Gefährdung der eingeschlossenen Frauen zu denken.«

Gedankenlosigkeit ist aber nicht strafbar.

Zum gleichen Ergebnis wie Staatsanwalt Bötte (»große Gedankenlosigkeit«) war 39 Jahre zuvor auch schon der SS-Reichsführer Heinrich Himmler gekommen. Am 19. März 1944 schrieb er in einem »Vermerk« zu dem Bunkermord, der Kommandant des Lagers Vught habe »aus Unachtsamkeit durch die Überfüllung von Arrestzellen den Tod von einer größeren Anzahl von Häftlingen verursacht«.

Zehn Frauen wurden ermordet. Für die Nazi-Justiz war es »Unachtsamkeit«, für die BRD-Justiz »Gedankenlosigkeit«.

Könnte das alles noch einmal geschehen?

Viele Leute machen es sich einfach und sprechen von blutrünstigen Bestien, von Teufeln, von geborenen Verbrechern oder von Untermenschen, wenn sie die KZ-Wächter meinen. Aber Strippel ist kein Teufel, Dreimann keine Bestie, Trzebinski kein Untermensch, Pauly kein geborener Verbrecher.

So unauffällig, wie die meisten von ihnen nach dem Ende der Nazis wieder in das bürgerliche Leben eingetaucht sind und als ordentliche Fakturisten, Polizeibeamte, Ärzte oder Kaufleute von den Nachbarn geachtet werden, so unauffällig waren sie vor der Zeit ihrer Verbrechen. Sie waren Normal-Untertanen.

»Ja, Mutti«, schreibt Wilhelm Dreimann aus der Todeszelle an seine Frau, »sollte wirklich das Schicksal sich wenden und uns noch einmal zusammenführen, dann gibt es nur eines, nur für Euch zu leben, welches schon in den letzten Jahren unserer Trennung mein Wunsch war. Bis jetzt ist mein Leben ja nur Kampf und Arbeit gewesen, viel frohe Stunden hat es für mich ja noch nie gegeben.«[127]

Das unfrohe Leben des Wilhelm Dreimann hatte schon mit einer traurigen Erziehung begonnen: »Seine Erziehung in seinem Elternhaus war streng und hart, und als Sohn eines kleinen Arbeiters ist er von Kindheit an zur Arbeit erzogen worden«, schreibt seine Frau in ihrem Gnadengesuch. »In seinem Beruf als Holzbildhauer war ein schlechtes Vorwärtskommen, deshalb hat er sich im Jahre 1939 zur Landespolizei gemeldet. Gegen seinen Wunsch ist er dann zu Beginn des Krieges zur SS eingezogen worden, und soviel ich weiß, hat er immer wieder versucht, von der SS wegzukommen zur Landespolizei, doch sind seine Gesuche nie weitergeleitet und berücksichtigt worden.«[128]

Das mag geschönt sein, denn 1939 wurden nur Freiwillige zur SS einberufen. Aber die drückende Not und die Angst vor der Arbeitslosigkeit haben viele Menschen dazu gebracht, jeden Befehl von oben auszuführen. »Als pflichtgetreuer Mensch, der als Kind schon Gehorsam eingeprägt bekommen hat, hat er als Soldat nur seinen Dienst gekannt«, schreibt Frau Dreimann weiter. »Aber sein Dienst- und Pflichteifer und das Verbot, über dienstliche Sachen zu sprechen, haben ihn hart und unzufrieden gemacht, und so wird er seine Befehle, gegen die er als Soldat ja nicht handeln durfte, schematisch ausgeführt haben.«[129]

Das ist ebenso typisch für den Durchschnitts-Kleinbürger wie die »unpolitische« Einstellung: »Mein Mann hat sich nie politisch betätigt, war bei uns im Dorf bei jedermann beliebt… Er war ein treusorgender Familienvater.«[130]

Er war sogar, behauptet er, innerlich gar nicht einverstanden mit der harten Politik der Nazis, weder mit den Judenverfolgungen noch mit der Menschenschinderei im KZ – aber die Regierung hatte es befohlen, und der hatte man zu gehorchen. So schreibt er in einem Brief aus der Haft, daß er den SPD-Politiker Kurt Schumacher nicht geschlagen habe: »Dr. Schumacher wurde nach dem 20. Juli 1944 in Neuengamme eingeliefert, wann er wieder entlassen ist, weiß ich nicht genau. Frag ihn bitte, wie ich mich benommen habe bei der Einlieferung… Ich habe es seinerzeit nicht verstehen können, welche Bedeutung es haben sollte, daß man zum Teil alte und gebrechliche Leute auf eine derartige Art und Weise der Freiheit beraubt und habe mich auch in der Weise den Leuten gegenüber geäußert, allerdings vielleicht in versteckter Form, da ich ja derzeit nicht öffentlich gegen die Anordnungen der Regierung reden durfte … Ich brauche keine Rechtfertigung mehr, ich weiß, daß ich mit meinen Aussagen vor der Welt und Menschheit bestehen kann.«[131]

Es war nicht allein die Angst vor Strafe, die nahezu alle KZ-Verbrecher zu Beteuerungen ihres guten Gewissens vor der Welt oder gar vor der Menschheit brachte. Es war der Rechtfertigungszwang vor sich selbst: Zum Gehorsam erzogen, zur Unterordnung, zur Unterdrückung moralischer Bedenken, waren sie nichts als gehorsam gewesen, und das sollte falsch sein? Niemals hatten sie Kritik am Staat geübt, weil ihnen dies als eines der schlimmsten Verbrechen erschien.

Auch Max Pauly, dem Sohn eines Eisenkrämers aus Wesselburen in Schleswig-Holstein, hatten sie diesen Staatsgehorsam eingebleut. Mittelstandsdenken, verbunden mit immer größeren wirtschaftlichen Schwierigkeiten, brachte den Mann schon 1928 in die SA. Ein Raufbold und Schläger, der immer Angst vor dem Ruin hatte, versuchte er, in den Staatsdienst zu kommen, und wurde schließlich als SS-Unterführer eingestellt. »Ich habe den ganzen Werdegang der SS in Schleswig-Holstein mitgemacht«, schreibt er in einem Lebenslauf. Seine Bildung und seine historischen Kenntnisse hielten sich an der unteren Grenze. In einer »Prüfungsarbeit« schreibt er 1939, als 32jähriger: »Gustav Adolf war ein Schwedenkönig, großer Protestant und griff aktiv in den 30jährigen Krieg ein. Er verfolgte aber auch politische Ziele und wollte die gesamte deutsche Ostseeküste zum Schwedenreich schlagen. Dieses wäre für Deutschland ein großes Verhängnis geworden, und es ist gut, daß er 1632 bei Lützen in der Nähe von Leipzig gefallen ist.«[132]

Als Häftling schreibt er dann an seinen Sohn Hans-Werner: »Was auch kommen mag, mein lieber Junge, glaube fest an die Unschuld Deines Vaters und lasse Dir diesen Glauben auch von niemandem rauben. Ich habe wirklich als Soldat bis zum letzten Tag meine Pflicht für mein Vaterland erfüllt. Ich habe das nun als so berüchtigt propagierte Konzentrationslager Neuengamme mit dem besten Wollen während meiner zweieinhalbjährigen Tätigkeit geführt und habe immer versucht, den Häftlingen, je nach den gegebenen Möglichkeiten, das Leben im Lager zu erleichtern. Ich freue mich nur, daß Du selbst das Lager gesehen und Dir ein Urteil bilden kannst.«[133]

Er versteht nicht, daß die Richter des britischen Gerichts ihn für Handlungen verantwortlich machen, die seine Vorgesetzten befohlen haben: »Ich bin nun mal der Lagerkommandant gewesen und trage für alles, was in Neuengamme passiert ist, die Verantwortung«, schreibt er in einem anderen Brief. »Auch die Anordnungen und Befehle von vorgesetzten Dienststellen, einschließlich der Exekutionen, gehen zu meinen Lasten. Auch Sachen, die Thumann, Dreimann oder andere Blockführer ausgefressen haben, gehen nun zu meinen Lasten. Ich muß die Folgen eben als Deutscher tragen ... Ich möchte heute schon zu Eurer Beruhigung ausdrücklich betonen, daß ich mir keiner Schuld bewußt bin und stets im Interesse der Gefangenen bis zum letzten Tage meine Pflicht erfüllt habe.«[134]

Er fühlt sich »als Deutscher« zur Verantwortung gezogen, nicht als Täter. Er hat auch nichts »ausgefressen«, wie die anderen, sondern nur Befehle ausgeführt, einschließlich der Exekutionen, im Interesse der Gefangenen. Andererseits beklagt er im selben Brief »diese Wahnsinnspolitik Hitlers und seiner Verbrecher«, die »für das deutsche Volk von unabsehbaren Folgen« seien.[135] Auch KZ-Kommandant Max Pauly war also ein geduckter Untertan und zum Verbrechen abzurichten, weil ihm gegenüber seinem Staat jede Kritikfähigkeit fehlte.

Der schwarze Mann

Aus ganz anderen Verhältnissen kam der Arzt Alfred Trzebinski. Sohn eines Gymnasiallehrers aus Jotruschin, Kreis Rawitsch in Polen, das bei den Nazis Orlahöh genannt wurde. Er studierte in Breslau und Greifswald, wurde von den »Alten Herren« als Korpsstudent unterstützt. War ihnen gegenüber von untertäniger Dankbarkeit und von einer verächtlichen Herablassung gegenüber allen Nichtakademikern. Seine fachliche Qualifikation war bescheiden. Er verachtete die medizinische Wissenschaft und glaubte statt dessen an Vorsehung, Spuk, Horoskope, Händeauflegen, Magnetismus und Augendiagnose. In seinem handgeschriebenen Tagebuch »Ich«, in der Todeszelle verfaßt, schildert er den Besuch bei einem Heilkundigen:

»Ein Hamburger Arztkollege, gleich mir Träger der SS-Uniform und darum wohl jetzt in einer ähnlichen Lage wie ich, führte mich zu ihm, zu Emil Nietz, dem Augendiagnostiker. Ein gewaltiger Ruf ging ihm voraus. Zu hohen und höchsten Herrschaften wurde er gerufen, und sein Urteil galt. Bei Hermann Göring sollte eine Kieferhöhlenoperation vorgenommen werden, aber die Professoren wurden sich nicht einig. Emil Nietz, der Heilpraktiker ohne Staatsexamen und Doktortitel, entschied: Es wird operiert! Und die Professoren griffen zum Messer. Bei Heinrich Himmler hatte er aus den Augen gelesen, daß er zwei Muttermäler unterhalb des linken Knies besäße, und Himmler hatte die Hosen hochgestreift und sich verwundert die Mäler betrachtet, die bisher seiner Aufmerksamkeit entgangen waren…«[136]

Seine Wahnerlebnisse nimmt er für wirklich. Die Wirklichkeit verwischt sich mit seiner Einbildung: Er habe »den schwarzen Mann gesehen, wirklich und leibhaftig… Ich war aus Breslau geflüchtet, weil das allzu intensive Korpsleben mich von meinem eigentlichen Lebenszwecke, dem Studium der Medizin, entfremdete, und glaubte in der kleinen, an der Ostsee gelegenen Universitätsstadt nachholen zu können, was ich bisher versäumte. Dort aber wurde ich sofort von einem Kartellkorps – so nannte man ein dem eigenen befreundetes Korps – beschlagnahmt, und ich erkannte bald, daß man sich hier weit besser auf das Zechen verstand als an der Oder, ja, mangels sonstiger Ablenkung einen solchen Kult mit dem Gotte Bacchus trieb, daß man ihm unaufhörlich opfern zu müssen glaubte… Plötzlich, wie vom Sturmwind erfaßt, springt die Stubentür auf, schlägt gegen die Wand, daß der Kalk von den Wänden fliegt, und herein spaziert ein unglaublich dürrer, langer Kerl, vom Halskragen bis zur Fußspitze schwarz gekleidet in altmodischem Schnitt, Kniestrümpfe um fleischlose Waden und einen wirren Haarschopf über gelblichem, mageren Gesicht mit spitzer Nase und dunklen stechenden Augen. Tritt langsam auf mich zu, deutet gestreckten rechten Armes mit dem Zeigefinger auf mich und kommt bis an das Fußende meines Bettes. Mit einem Entsetzensschrei, der nichts Menschliches mehr an sich gehabt hat, warf ich mich im Bett herum, mit einem Krach flog die Tür zu, daß die Wände zitterten – und der Spuk war verschwunden.«[137]

Die schwarzgekleidete Gestalt, die den Tod mystifizierte, nahm in seinen Träumen die SS vorweg. Sie nahm den erfolglosen Landarzt aus Mühlberg in Sachsen in ihre schwarzen Reihen auf und schickte ihn an die Stätten ihrer schwärzesten Verbrechen, nach Majdanek, Auschwitz und Neuengamme.

Solche Wahnerlebnisse eines Alkoholikers wiederholten sich, wurden von ihm aber als Verbindung zu übersinnlichen Mächten gedeutet: Mal stand eine alte Frau mit Kopftuch am Fußende seines Bettes und deutete mit ausgestrecktem Arm »auf ein Ziel, das weit, weit jenseits der Kammerwand zu liegen schien«.[138] Mal teilte sich die Wand, und »auf goldenem Stuhl thront eine aureolenumflossene Lichtgestalt … zu beiden Seiten des goldenen Thrones zwei lange Reihen schwarzgekleideter Gestalten in schnurgerader Richtung auf mein Bett zu«.[139]

Immer träumte er, sein Leben sei mit dem der französischen Kaiserin Marie Antoinette verbunden, die das gleiche Horoskop habe wie er selbst. Überall fand er Hinweise: In seiner Zuchthauszelle klebte ein Illustriertenbild Marie Antoinettes. Aus der Gefangenenbibliothek bekam er die Biographie der hingerichteten Kaiserin. Und notierte: »Auch bei ihr handelte es sich darum, die Träger eines vergangenen Regimes unter allen Umständen zu verurteilen, mochten sie persönlich schuldig sein oder nicht … Auch sie war von einer vorbildlichen Haltung bis zuletzt, und nur die Sorge um ihre Kinder hat sie gequält …«[140]

Auch er schrieb, bis zu ihrer Hinrichtung habe ihn die Sorge um die zwanzig Kinder gequält, und die Morphiumspritzen vor dem Erhängen seien eine humane Tat gewesen. Selbstmitleid hat sein ganzes Leben geprägt. Immer suchte er nach Anerkennung, selbst noch vor dem britischen Gericht. Statt Menschenliebe hatte er sich in Tierliebe geflüchtet: »Eine solche fast krankhafte Tierliebe – der ich mich aber dennoch nicht schäme – kommt nicht von ungefähr …«[141]

Muschi wird erschossen

Er konnte kein Tierblut sehen, weinte über ein geschlachtetes Kaninchen und hatte im KZ Neuengamme dauernd Angst, daß seiner geliebten Katze »Muschi« etwas zustoßen könnte: »Denke an den elektrisch geladenen Draht und die vielen bösen Hunde draußen!«[142]

Bevor die Engländer kamen, »im April des Schicksalsjahres 1945, dem letzten Monat der deutschen Freiheit«, machte sich Trzebinski Sorgen um die Zukunft seiner »Muschi« und ihrer vier Katzenkinder: »Dann wäre nach meinem Abgang niemand mehr gewesen, der die glückliche, vertrauende und ahnungslose Wöchnerin betreuen konnte, vielleicht aber hätte ein roher Soldatenstiefel der Muschi ein für allemal den unerschütterten Glauben an die Menschheit geraubt. Da erhob ich meine Armeepistole. Muschi hat nichts gemerkt und war sofort tot. Ihre Kinder, die erst an der Schwelle des Bewußtseins standen, habe ich in der Wassertonne ertränkt.«[143]

Dazu kontrastiert seine Aufzeichnung über die Teilnahme an der Exekution von Menschen: »Ich ließ die Leichen eine halbe Stunde hängen, untersuchte sie dann auf den eingetretenen Tod und gab die Leichen frei … Ich verstehe aber nicht, warum man

Ärzten, die bei der Exekution die doch gewiß notwendige Aufgabe haben, den Tod festzustellen, dieses als Verbrechen zur Last legt, selbst wenn es sich um eine illegale Exekution handelt. Der Arzt verhindert durch seine Untersuchung doch, daß ein noch Lebender begraben wird!«[144]

Das ist Spezialistentum. Der eine ist Spezialist für Verwaltung, auch von KZ-Lagern. Der andere ist Spezialist für Bestrafung, auch mit der Lederpeitsche. Der dritte ist Spezialist für Todesfeststellung, auch am Galgen. Und was ihnen von oben befohlen wird, kann nicht Unrecht sein, sondern Recht, denn es kommt vom Staat.

Und heute? »Was damals Recht war, kann heute nicht Unrecht sein«, hat ein Ministerpräsident erklärt, Hans Filbinger (CDU). Das mag nicht allgemeine Ansicht sein, zumindest aber die Ansicht einer radikalen Minderheit. Gäbe es heute einen neuen Faschismus, würde er sich dann wieder solcher Strippel, Dreimann, Pauly und Trzebinski bedienen können? Gewiß gibt es diesen Menschentypus auch heute noch: geduckt, staatstreu bis zum Mord, kontaktarm, Tiere statt Menschen liebend, voll Haß gegen die, die man ihnen als Feinde ihres Staates vorführt: Juden, Zigeuner, Türken, Kommunisten.

Sie bedrückt es nicht, wenn in der Bundesrepublik Deutschland ein Innenminister sagt: »Auch Terroristen sind Menschen, sie totzuschießen will gelernt sein.«[145] Sie protestieren nicht, wenn wieder niedliche Wortlügen die grausige Wahrheit verdecken und der »Todesschuß« des Polizisten, den ihm der Gesetzgeber erlaubt, umbenannt wird in den »finalen Rettungsschuß«,[146] so wie die Nazis den Judenmord »Endlösung« nannten und das dazu gefällte Todesurteil »Selektion«.

Die Strippel, Dreimann, Pauly, Trzebinski sind nicht die Urheber des Faschismus, nicht seine Nutznießer. Die wurden in diesem Staat nicht bestraft und nicht entmachtet. Aber sie sind diejenigen, die man auch für einen neuen Faschismus brauchen würde. Denn sie sind es, die bewachen, schlagen, exekutieren und vorher höchstens eine barmherzige Morphiumspritze geben.

Gelernt hat er die Geschichte vom Großdeutschen Reich

Viel ist geschehen, seit der Bericht über den Kindermord am Bullenhuser Damm 1979 im »Stern« veröffentlicht wurde. Sechzehn Kinder wurden identifiziert. Die Angehörigen der zehnjährigen Ruchla Zylberberg aus Polen hatten auf den Fotos das Kind wiedererkannt. Sie stammten aus Zawichost im Rayon Sandomierz und waren eine Schuhmacherfamilie. Als die Deutschen 1939 in ihre Heimat einfielen und die Jagd auf die Juden begann, flüchtete Ruchlas Vater Nison Zylberberg mit einem seiner Brüder und dessen Frau über die nahe Grenze nach Rußland. So retteten sie ihr Leben. Die Mutter Fajga kam mit ihren beiden Töchtern Ester und Ruchla nach Auschwitz. Ruchla wurde ins Familienlager geschickt, ihre Mutter und ihre kleine Schwester kamen in die Gaskammer.

Nach dem Kriege suchte Nison Zylberberg seine Familie in Polen, in Deutschland. Vergebens. Er wanderte dann nach Amerika aus und lebte noch in den 1980er Jahren als armer und kranker Schuhmacher in New York. Sein Bruder Henryk ging mit seiner Frau Felicja nach Hamburg. Sie blieben dort, wo ihre Nichte den Tod gefunden hatte, ohne daß sie davon wußten, bis 1979.

Auch ein zweiter Bruder, Jozef Zylberberg, hatte den Krieg lebend überstanden und blieb in Hamburg. Hier wurde sein Sohn Michael geboren. Hier ging er zur Schule. Hier lernte er Geschichte, wie deutsche Kinder Geschichte lernen. »Was hat er gelernt?« fragte sich sein Vater. »Gelernt hat er die Geschichte Preußens. Gelernt hat er die Geschichte der deutschen Kriege.

Gelernt hat er die Geschichte vom Großdeutschen Reich. Aber nicht gelernt hat er die Geschichte vom Bullenhuser Damm, wo sie seine Cousine Ruchla aufgehängt haben.«

Ein sechstes Kind wurde identifiziert, weil ich mehrsprachige Suchplakate »Kindermord« mit den Fotos und den Namen der Kinder in viele Länder geschickt hatte, auch nach Israel. Dort sah Ella Kozlowski, die in Tel Aviv bei der Untersuchungsstelle für NS-Gewaltverbrechen arbeitete, den Namen ihrer Cousine Herszberg. Sie schrieb:

»Der Name des Kindes lautet richtig Riwka Herszberg, geboren 1938 in Zdunska-Wola/Polen. Vater: Mosche Jakob Herszberg. Mutter: Mania Herszberg, geborene Starzynski. Das Kind kam zusammen mit den Eltern im Sommer 1943 aus Petrikau/Polen mit einem Transport von Juden ins Lager Auschwitz-Birkenau. Ein ungewöhnlicher Zufall wollte es, daß das Kind zusammen mit seinen Eltern ins Familienlager kam und nicht direkt von der Rampe in die Gaskammer geschickt wurde. Die Eltern wurden zur Arbeit eingesetzt, das Kind war im Lager einige Zeit zusammen mit den Eltern, dann wurden die Eltern jedoch einzeln in verschiedene Arbeitslager verschickt, das Kind blieb in Auschwitz. Nur die Mutter, Mania Herszberg, überlebte den Krieg und kehrte nach Polen zurück, um ihr Kind zu suchen. Zwei Jahre währte die Fahndung nach dem Kind oder wenigstens einer Spur, jedoch ohne Erfolg. Niemand konnte der Mutter Auskunft geben, ob das Kind in Auschwitz geblieben oder abtransportiert worden ist, ob es die Befreiung im Januar 1945 erlebte oder nicht.«

Faschistischer Terror

Am 20. April 1979 standen die Angehörigen der ermordeten Kinder zum erstenmal an der Mordstätte. Wo sich sonst in der Schule am Bullenhuser Damm nur eine Handvoll Getreuer versammelt hatte, um des Jahrestages der Ermordung zu gedenken, standen diesmal über zweitausend Menschen. Sie hatten Blumen mitgebracht. An den Mauern der Schule wuchs ein Wall von Blüten.

Am selben Tage noch gründeten die überlebenden Familienangehörigen eine Vereinigung »Kinder vom Bullenhuser Damm«.[147] Sie soll in Hamburg die Erinnerung an die ermordeten Kinder wachhalten, für eine antifaschistische Erziehung an den Hamburger Schulen sorgen und den Neofaschismus bekämpfen.

Ein Jahr später wurde die Schule am Bullenhuser Damm vom Hamburger Senat zur Gedenkstätte erklärt und nach dem polnischen Pädagogen Janusz Korczak benannt, der mit seinen jüdischen Waisenkindern in den Gastod gegangen war.

Die Faschisten reagierten auf ihre Weise: Am 27. April 1980 explodierte am Eingang der Schule am Bullenhuser Damm eine Rohrbombe. Durch Zufall wurde niemand getötet. Zwei Krankenschwestern wurden verletzt.

Vier Monate später wurden die Täter gefaßt. Es waren Neonazis aus der Gruppe des Rechtsanwalts Manfred Röder: Die Röntgenassistentin Gabriele Colditz und der technische Angestellte Klaus-Peter Schulze, beide aus Hamburg, hatten zusammen mit dem Werkmeister Raimund Hörnle aus Kirchheim/Teck im Auftrag ihres »Führers« Röder den Bombenanschlag verübt. Daß die Gruppe auch Tötungen in Kauf nahm, hatte sie in der Zwischenzeit schon bewiesen: Am 21. August 1980 waren Hörnle und die Röntgenassistentin Sibylle Vorderbrügge mit dem Wagen von Gabriele Colditz zum Hamburger Ausländerwohnheim in der Halskestraße gefahren und hatten dort drei Benzinbomben durch die Fensterscheiben geworfen.

Zwei junge Vietnamesen verbrannten in den Flammen. An die Wand des Hauses sprühte Sibylle Vorderbrügge eine Parole, die in der folgenden Zeit zur Parole der neuen Faschisten wurde, so wie einmal das »Juda verrecke!« die Parole der Nazis gewesen war: »Ausländer raus!«

Die Hamburger Justiz nahm das nicht so ernst: Die Bombenattentäter Gabriele Colditz und Klaus-Peter Schulze waren nach kurzer Untersuchungshaft wieder in Freiheit.

Auch gegen Strippel zeigte die Staatsanwaltschaft keinen besonderen Verfolgungswillen. Allerdings wurde unter dem Druck der Veröffentlichung im »Stern« und der Strafanzeige der Angehörigen das Ermittlungsverfahren am 6. März 1979 wieder aufgenommen. Aber Oberstaatsanwalt Harald Duhn war wie sein Vorgesetzter Münzberg der Ansicht, das Belastungsmaterial gegen Strippel reiche nicht aus. Jahr um Jahr um Jahr füllte er Aktenbände mit Nebensächlichkeiten.

So ließ er zum Beispiel am 11. Mai 1981 dem sowjetischen Generalstaatsanwalt in Moskau ein Rechtshilfeersuchen schicken: »Durch Zufall wurden im Jahre 1980 Listen der Gestapo-Leitstelle Hamburg aufgefunden. Diese Listen enthalten die Nachnamen, Vornamen, Geburtsdaten und Geburtsorte sowjetischer Häftlinge, die aus dem Polizeigefängnis Hamburg-Fuhlsbüttel in das Konzentrationslager Neuengamme eingewiesen worden waren … Es wird gebeten, die in den Listen aufgeführten Zeugen zu ermitteln und sie zu dem gesamten Tatgeschehen zu vernehmen, dem Sachbearbeiter des Verfahrens, Oberstaatsanwalt Harald Duhn von der Staatsanwaltschaft bei dem Landgericht Hamburg, die Teilnahme an den Vernehmungen zu gestatten.« Beigefügt waren Listen mit 997 Namen. Darunter solche Angaben wie »Iwanow, Klawdi, geb. 20.7.1921?/UdSSR?«. Kein Geburtsort, kein Truppenteil, kein Wohnort. Offenbar versprach sich der Hamburger Staatsanwalt davon jahrelange Dienstreisen.

Aber was waren das für Listen, die da von Hamburg nach Moskau geschickt wurden zur Nachsuche? Sie stammten von der Gestapo, der Geheimen Staatspolizei, und sie enthielten die (richtigen oder falschen) Namen gefangener Rotarmisten vor der Einlieferung ins KZ Neuengamme. Dort erst begann ja das große Morden, und als am 8. Mai 1945 der Krieg vorbei war, lebten nicht mehr viele von ihnen. Es waren also Listen von »toten Seelen«, nach denen die Sowjets suchen sollten. Und als sie nichts fanden, beklagten die Hamburger Justizbehörden diesen »Zeitverlust«.

12 800 Blatt Akten hatte der Staatsanwalt schließlich zusammengebracht. Darin waren so skurrile Vorgänge wie die Suche nach dem SS-Unterscharführer Heinrich Wiehagen. Der war im Zivilberuf Lehrer gewesen und hatte am 20. April am Kindermord mit angefaßt. Ein deutscher Lehrer in einer deutschen Schule ... Wo war er geblieben?

Der Staatsanwalt fand heraus, daß Wiehagen am 3. Mai 1945 als SS-Bewacher auf dem KZ-Schiff »Cap Arcona« war. Als die englischen Kampfflugzeuge das Schiff bombardiert hatten, soll Wiehagen noch auf die Gefangenen geschossen haben, die sich vom brennenden Schiff retten wollten. Bis er schließlich selbst im Wasser schwamm. Am 27. Februar 1950 wurde Heinrich Wiehagen vom Amtsgericht Lübeck für tot erklärt. Der ehemalige KZ-Gefangene Alfred Knegendorf hatte zu Protokoll gegeben, daß ein russischer Häftling mit einem Stück Holz den SS-Unterscharführer über den Kopf geschlagen hatte, als der im Wasser neben ihm schwamm. Wiehagen war untergegangen und nicht wieder aufgetaucht.

Darauf leitete der Oberstaatsanwalt Duhn ein Verfahren gegen den unbekannten sowjetischen Gefangenen »wegen Mordes« ein.

Ein letztes Beispiel für das Verhalten des Hamburger Staatsanwalts: Am 24. April 1981 vernahm er Karl Totzauer, den ehemaligen Adjutanten des KZ-Kommandanten von Neuengamme. Durch dessen Hände war der Befehl aus Berlin zur Ermordung der zwanzig Kinder und ihrer Begleiter gegangen. Er hatte ihn weitergegeben. Trotzdem hat die Staatsanwaltschaft gegen ihn niemals ein Ermittlungsverfahren geführt.

Nach dieser Vernehmung des SS-Führers schrieb der Staatsanwalt Duhn einen »Vermerk«. Darin unterstellt er den englischen Vernehmungsbeamten, sie hätten die SS-Leute gefoltert: »Ein britischer Soldat steckte ihm Streichhölzer so in die Fingernägel, daß die Phosphorkappen unter den Nagelüberständen festsaßen. Die Streichhölzer wurden entzündet. Da der Zeuge die ihm abverlangte Aussage nicht zu machen vermochte und weiterhin schwieg oder sein Nichtwissen bekundete, brannten die Streichhölzer weiter an seinen Fingern. Mindestens bei einem Streichholz kam es zur Entzündung des Phosphorkopfes, was eine äußerst schmerzhafte Stichflamme an diesem besonders empfindlichen Körperteil zur Folge hatte. Diese Einzelheit belegt, daß die Angaben der damaligen Internierten mit Vorsicht zu bewerten sind. Schon angesichts der bewußten Aushungerung dieser Gefangenen bestand eine psychische Zwangslage, die Geständnisse hervorrief, die unter normalen Verhältnissen nicht gemacht worden wären. Teils mag dadurch – wenn auch auf rechtswidrige Art und Weise – die Wahrheit ans Licht gekommen sein. Es muß aber ebenso mit falschen Geständnissen gerechnet werden, um sich Hafterleichterungen zu verschaffen.«

Ein Jahr später erklärte der SS-Offizier Totzauer vor einem Hamburger Gericht, er sei bei seinen Aussagen nicht gefoltert worden.

Der »Vermerk« des Oberstaatsanwalts Duhn war also falsch. Falsch wie seine Behauptung von der »planmäßigen Aushungerung« der SS-Verbrecher. Falsch wie seine Feststellung über die »rechtswidrige Art und Weise« der Verhöre.

Aber der Vermerk zeigte, was für ein Mann da mit der Strafverfolgung des KZ-Mörders Arnold Strippel beauftragt war und warum nichts dabei herauskam, jahrelang.

Dabei hätten die Vorgesetzten des Oberstaatsanwalts Duhn jederzeit die Möglichkeit zum Eingreifen gehabt. Sie hätten ihn anweisen können, gegen Strippel Anklage zu erheben, weil der »dringende Tatverdacht« gegen ihn durch die Aussagen im britischen Militärgerichtsverfahren von 1946 längst aktenkundig war.

Erst im Dezember 1983 wurde der Druck der Öffentlichkeit so stark, daß die damalige Hamburger Justizsenatorin Eva Leithäuser bei der Staatsanwaltschaft die Erhebung der Anklage anordnete. »Es bedurfte ernsthafter Vorstellungen bei der Staatsanwaltschaft«, erklärte sie dazu.

Von nun an waren die Richter der Strafkammer 19 des Hamburger Landgerichts zuständig. Wieder vergingen Monate, Jahre. Nichts geschah. Urlaub mußte genommen werden. Andere Verfahren mußten erledigt werden. Dann prüfte die Kammer, ob die bundesdeutsche Gerichtsbarkeit überhaupt zuständig sei. Denn immerhin hatten sich die Engländer ja schon einmal mit Strippel befaßt – während er untergetaucht war. Ein Richter machte Dienstreisen nach London, um Archive zu durchstöbern. Dann stellte das Gericht fest, die Protokolle des britischen Militärgerichtsverfahrens von 1946 seien von der Hamburger Staatsanwaltschaft »fehlerhaft« übersetzt worden und »drückten stellenweise das Gegenteil des englischen Textes« aus. Neue Übersetzungen wurden in Auftrag gegeben. Das dauerte. Dann wieder wurde geprüft, ob die Angehörigen der Ermordeten als Nebenkläger zugelassen werden könnten. Allein diese Prüfung nahm sechs Monate in Anspruch.

Schließlich wollten die Hamburger Richter wissen, ob der SS-Obersturmführer Strippel nach all dieser vergeudeten Zeit überhaupt noch verhandlungsfähig war.

Die Zeit heilt alle Leiden der Justiz. Vieles erledigt sich durch Liegenlassen. Vieles durch Aktivismus. Vieles durch Gutachter. Wo kein Verfolgungswille ist, da ist immer ein Weg zur Nichtverfolgung. Im Frühjahr 1986 kamen die drei beauftragten Gutachter nach monatelangen Untersuchungen zu dem Ergebnis: Arnold Strippel, jetzt 74 Jahre alt, ist nicht mehr verhandlungsfähig. Der Leiter der Orthopädischen Universitätsklinik Frankfurt, Professor Schmitt, war beim Bescheinigen der Verhandlungsunfähigkeit so eifrig, daß er dabei zwei Akten durcheinander brachte. Man könne Strippel heute noch seine fünfjährige Haft als Kriegsverbrecher in Sibirien ansehen. Nur: Strippel war nie in Sibirien. Das hatte Professor Schmitt mit einem anderen Fall verwechselt.

So gründlich gutachtet ein deutscher Universitätsprofessor, wenn es um KZ-Verbrecher geht.

Macht nichts. In Hamburg kamen die Richter schnell zu dem Ergebnis, die »mit Fremddaten vermischte Anamnese des Orthopäden« Schmitt sei gar nicht so wichtig. Man könne auf sie verzichten.

Noch einmal steht Strippel vor Gericht

Die Justiz will keinen Prozeß. Aber die Angehörigen der toten Kinder wollen das nicht hinnehmen. Sie beschließen ein »Internationales Tribunal«. Sie spenden Geld, sie sammeln. Sie bitten Juristen aus mehreren Ländern, anstelle der Hamburger Justiz selbst ein Verfahren durchzuführen.

41 Jahre nach der Tat beginnt am 18. April 1986 an der Mordstätte in der Schule am Bullenhuser Damm die Gerichtsverhandlung. »Dies ist das schändlichste Verbrechen, das je in der Geschichte der Menschheit geschehen ist«, eröffnet der ehemalige Bundesverfassungsrichter Martin Hirsch am 18. April 1986 als Vorsitzender das Tribunal. Der Oberstaatsanwalt Münzberg, der vor neunzehn Jahren das Verfahren gegen Strippel eingestellt hatte, ist nicht erschienen – die Justizsenatorin Leithäuser hatte

seine Teilnahme nicht genehmigt, weil das Verfahren gegen Strippel noch schwebe. Aus ganz anderen Gründen ist Françoise Morgenstern aus Paris nicht gekommen, die Cousine des erhängten Mädchens Jacqueline Morgenstern. Barbara Hüsing, die Rechtsanwältin der Nebenkläger, verliest ihren Brief: »Ich fühle mich nicht in der Lage, für meine Angehörigen Gerechtigkeit zu verlangen. Den wenigen Mut, der mir geblieben ist, brauche ich für meine kleine Tochter Paule, vier Jahre alt. Ich habe nicht den Mut meiner Mutter, die so viel gelitten hat. Ich beweine meine Toten des Krieges. Ich beweine die Unschuldigen. Ich weine über meine Mutter. Bitte, entschuldigen Sie mich. Ich bin überwältigt von Trauer, und ich hoffe, daß Strippel von Menschen verurteilt wird, die stärker sind, als ich es bin.«

Zwei Tage lang stehen vor dem Tribunal die wenigen überlebenden Zeugen der Nazimorde. Margarethe Wilkens aus Hamburg schildert, wie sie als Gefangene in Auschwitz den siebenjährigen Sergio de Simone aus Neapel erlebte. Ein wunderschönes Kind, Liebling des KZ-Arztes Mengele, der es eines Tages für die Menschenversuche in Neuengamme auswählte. Nison Zylberberg, der Schuhmacher aus Brooklyn, Vater der ermordeten Ruchla, tritt nach vorn. Plötzlich stehen die tausend Menschen in der Turnhalle der Schule am Bullenhuser Damm auf. Bleiben schweigend minutenlang stehen. Sie ehren Nison Zylberberg, mit ihm alle Opfer des Faschismus. Der alte Mann mit seiner tränenerstickten Stimme erzählt, wie er auf der Flucht über die rettende sowjetische Grenze seine Frau und seine beiden kleinen Kinder zurücklassen mußte. 41 Jahre hat er nach ihnen gesucht. Dann erfuhr er, wie Ruchla erhängt wurde.

Jizhak Reichenbaum aus Haifa berichtet vom Tode seines Vaters in Auschwitz und von seinem kleinen Bruder Eduard, der in die Gruppe der Heißmeyer-Kinder eingeteilt wurde und nicht wiederkehrte. Chaim Altmann aus Polen, der später in den USA lebte, kann kaum sprechen: Seine kleine Nichte Mania Altmann war ein so hübsches Mädchen, und sie wurde nicht einmal sechs Jahre alt.

Es war eine einzige Anklage gegen die Mörder und gegen die Justiz, die solche Mörder unbestraft gelassen hat. Das achtköpfige Gericht gab am 20. April 1986 sein Urteil ab. Es war der 41. Jahrestag des Kindermordes: »Aufgrund des Beweismaterials hätten bereits vor Jahrzehnten die Tatbeteiligten Arnold Strippel, Kurt Heißmeyer und Hans Klein angeklagt werden müssen. Die Verzögerung des Verfahrens ist durch nichts gerechtfertigt ... Das Tribunal stellt fest, daß die Verfahrensweise der zuständigen Hamburger Staatsanwaltschaft objektiv geeignet war, das Verfahren gegen Strippel bis zu seiner angeblichen Verhandlungsunfähigkeit zu verzögern. Das Tribunal stellt fest, daß die Nichtverfolgung der Taten am Bullenhuser Damm kein Einzelfall, sondern beispielhaft für den Umgang der bundesdeutschen Justiz mit Naziverbrechen ist. Ein Staat, der die Verbrechen des Naziregimes unbestraft läßt, ist anfällig für neuen Faschismus.«

Eigentlich hatte der Hamburger Bürgermeister Klaus von Dohnanyi die Schirmherrschaft für das Tribunal übernommen. Er schickte eine Grußbotschaft: Leider könne er wegen seiner Dienstgeschäfte nicht kommen. Er mußte am Abend die Premiere des Musicals »Cats« besuchen.

Die Justiz reagierte auf ihre Weise: Der Richter Günter Bertram, der als Vorsitzender der Strafkammer 19 für die Verzögerung des Strippel-Verfahrens mitverantwortlich ist, bezeichnete in einer Veröffentlichung des »Hamburgischen Richtervereins« das Tribunal als eine »wilde, ungezügelte Kampagne gegen die Justiz« und einen »publizistischen Kreuzzug«. Die Justiz solle sich nicht länger »widerstands- und widerspruchslos in aller Öffentlichkeit prügeln, schelten und beleidigen« lassen: »Deshalb verdienen diese Angriffe nichts anderes als eine klare, harte und deutliche Zurückweisung.«

Die zweite Reaktion: Am 28. Januar 1987 stellte das Landgericht Hamburg mit seinen Richtern Jürgen Schenck, Horst-Werner Horstkotte und Tilman Görtz das Mordverfahren gegen Strippel wegen Verhandlungsunfähigkeit endgültig ein. Sie sprachen ihm Ersatz seiner Kosten aus der Staatskasse zu.

»Ihr lieben Kinder bleibt unvergessen«

Anfang der 1960er Jahre legten ehemalige Neuengamme-Häftlinge an die Mordstätte einen Kranz. Auf der Schleife stand: »Ihr lieben Kinder bleibt unvergessen«

Eine Zeitlang schien das nur ein guter Wunsch zu sein. Ende der siebziger Jahre gab es in Hamburg keine einzige Schule, zu deren Unterrichtsstoff das Schicksal der Kinder vom Bullenhuser Damm gehörte. Heute gibt es keine einzige Schule mehr in Hamburg, in der die Schülerinnen und Schüler nicht wenigstens einmal davon hören. Eine halbe Million Besucher hat sich die Gedenkausstellung im Keller der Schule angesehen. Viele haben im »Rosengarten für die Kinder vom Bullenhuser Damm« eine Rose gepflanzt. Sie begreifen, was das war und was das ist: Faschismus. Viele waren dabei, als am 20. April 1985 die Angehörigen der Kinder an der Mordstätte den Schwur von Buchenwald erneuerten: »Wir stellen den Kampf erst ein, wenn auch der letzte Schuldige vor den Richtern der Völker steht. Die Vernichtung des Nazismus mit seinen Wurzeln ist unsere Losung. Der Aufbau einer neuen Welt des Friedens und der Freiheit ist unser Ziel. Das sind wir unseren gemordeten Kameraden und ihren Angehörigen schuldig.«

Schüler fragen ihre Lehrer: Wie ist das möglich, daß Strippel nicht bestraft wurde? Und begreifen mit dieser einfachen Frage, daß eine Welt des Friedens und der Freiheit von ihnen erst geschaffen werden muß. Ein antifaschistisches Land.

Im Gedenken an die Kinder vom Bullenhuser Damm.

Das sind ihre Namen:

Alexander Hornemann, 8 Jahre, Niederländer
Marek Steinbaum, 10 Jahre, Pole
Eduard Hornemann, 12 Jahre, Niederländer
Marek James, 6 Jahre, Pole
Walter Jungleib, 12 Jahre, Slowake[148]
Roman Witónski, 7 Jahre, Pole
Roman Zeller, 12 Jahre, Pole
Sergio de Simone, 7 Jahre, Italiener
Georges-André Kohn, 12 Jahre, Franzose
Eduard Reichenbaum, 10 Jahre, Pole
Jacqueline Morgenstern, 12 Jahre, Französin
Surcis Goldinger, 11 Jahre, Polin
Lelka Birnbaum, 12 Jahre, Polin
Eleonora Witónska, 5 Jahre, Polin
Ruchla Zylberberg, 9 Jahre, Polin
H. Wassermann, 8 Jahre, Polin
Lea Klygermann, 8 Jahre, Polin
Riwka Herszberg, 7 Jahre, Polin
Blumel Mekler, 11 Jahre, Polin
Mania Altmann, 5 Jahre, Polin

NACHWORTE

Eines Tages besuchte mich ein Freund, Jan van Bork aus Amsterdam. Auch er war Häftling in Neuengamme gewesen. Er sah sich die Fotos der Kinder an, die sich Dr. Heißmeyer anfertigen ließ, nachdem er ihnen die Lymphdrüsen hatte herausoperieren lassen. Alle Kinder müssen ihre Operationsnarbe zeigen. Ein Häftling hilft dabei, muß ihnen den Arm hochhalten. Man sieht auf manchen Fotos seine Hand und ein Stück der gestreiften Häftlingsjacke. »Sieh mal, was der für einen Ring trägt«, sagte Jan van Bork. »Und sieh mal meinen Ring an!«

Es war ein ganz einfacher Aluminiumring mit eingravierten Initialen. »Ich habe in Neuengamme aus Abfällen zwei solche Ringe gemacht. Einen für mich, einen für meinen Freund Anton Hölzel.«

So wußten wir nun, daß der Mann, der den Kindern die Arme hochhalten mußte, der Holländer Anton Hölzel war.

Aus vielen, vielen solcher kleinen Details ist dieser Bericht über die Kinder vom Bullenhuser Damm entstanden. Viele, viele Menschen haben geholfen. Und immer noch gibt es neue Informationen. Noch weiß ich nichts über die Familien von Roman Zeller, Lelka Birnbaum, H. Wassermann aus Polen und von W. Junglieb aus der Slowakei. Noch werden auch die Angehörigen dieser Kinder nichts vom Bullenhuser Damm wissen.

Ich habe mich oft gefragt: Ist es richtig, den Angehörigen von diesem schrecklichen Schicksal zu erzählen? Für alle war es schwer, die Wahrheit zu erfahren. Und alle haben nach einiger Zeit gesagt: Aber es ist besser als die Ungewißheit in Ewigkeit. Das Schönste hat mir Dorothéa Morgenstern geschrieben: »Sie haben dafür gesorgt, daß die Kinder nicht mehr ganz so tot sind, wie sie es lange waren.«

Das Traurigste aber ist die Haltung des Staates. Keine Hamburger Behörde hat nach den Angehörigen der toten Kinder gesucht. Keine Entschädigung oder Hilfe haben die wenigen überlebenden Eltern erhalten, als sie krank und in Not waren. Der Hamburger Bürgermeister Dr. Klaus von Dohnanyi hat am 20. Juni 1983 in einem Brief an Nison Zylberberg, den Vater der neunjährigen Ruchla, geschrieben, eine staatliche Leistung ohne gesetzliche Grundlage sei nicht möglich. »Ich versichere Ihnen, daß ich Ihnen gerne den gewünschten Beweis der Anteilnahme ohne Worte geliefert hätte, bitte Sie jedoch um Verständnis, daß mir dies hier zu meinem allergrößten Bedauern nicht möglich ist. Mit freundlichen Grüßen, Ihr Dohnanyi.«

Die Anteilnahme kam von den einfachen Menschen. Sie pflanzten Rosen zum Gedenken an die Kinder. Sie kommen an jedem 20. April zum Gedenken an den Todestag in die Schule und die kleine Gedenkstätte, die wir dort im Keller eingerichtet haben.

Jeden Tag kommen Besucher, Schüler, Lehrer. Aus allen Ländern der Welt stehen Namen im Besucherbuch. Sie haben aus dieser Schule ein Mahnmal gemacht.

Die Schüler und Lehrer des van-der-Putt-Lyceums in Eindhoven haben am 20. April 1988 die Vereinigung »Kinder vom Bullenhuser Damm« zu einer gemeinsamen, internationalen Gedenkfeier eingeladen. In Eindhoven sind die beiden ermordeten Brüder Eduard und Alexander Hornemann geboren. Diese Feier in Holland war für ihre Tante Ans die erste Möglichkeit, nun auch an einer solchen Gedenkveranstaltung teilzunehmen. Sie wollte so lange nicht nach Deutschland kommen, bis der SS-Führer Strippel als Mörder ihrer Neffen vor Gericht gestellt worden sei. Die bundesdeutschen Richter haben ihr diese Möglichkeit nicht gegeben.

Abgeordnete der Ortsversammlung des Hamburger Stadtteils Lokstedt haben beschlossen, die Straßen in dem Neubaugebiet

Burgwedel nach den Kindern vom Bullenhuser Damm zu benennen. 1995 wurden die Straßen eingeweiht. Angehörige der Kinder waren aus allen Ländern der Welt gekommen.

Ich danke allen, die bei der Erforschung des Lebens und des Sterbens der Kinder vom Bullenhuser Damm geholfen haben. Ich danke der Anne-Frank-Stiftung für die große Ehre, der Vereinigung »Kinder vom Bullenhuser Damm« die Anne-Frank-Medaille 1988 verliehen zu haben. Ich danke der Witwe von Jan van Bork, daß sie nach dem Tode ihres Mannes seinen Ring hergegeben hat, damit er in unserer Gedenkstätte künftig die Geschichte von der Solidarität der Häftlinge erzählt.

Günther Schwarberg
Nachwort zur ersten Auflage 1988

Am 3. Dezember 2008 ist Günther Schwarberg, mein Mann, gestorben. Kurz vor seinem Tod hat er mich gebeten: »Vergesst die Kinder nicht!«

Gemeint war unsere Arbeit für die ermordeten zwanzig Kinder, deren Häftlingsärzte und Pfleger sowie die mit ihnen ermordeten sowjetischen Kriegsgefangenen, deren Namen bis heute noch niemand kennt. Unsere Arbeit ist auf Widerstand gestoßen, aber am Ende haben wir viel erreicht:

Wir haben mit überlebenden Angehörigen die »Vereinigung Kinder vom Bullenhuser Damm« gegründet. Der Verein hat das Ziel, jungen Menschen vom Schicksal der ermordeten Kinder zu erzählen und gegen neue Nazis zu kämpfen.

Die Schule am Bullenhuser Damm wurde zur Gedenkstätte mit einer Dauerausstellung. Hinter der Schule wurde ein Rosengarten zum Gedenken an die Opfer angelegt.

Jedes Jahr, am 20. April, findet eine große Feier mit Angehörigen, unter Teilnahme von vielen Schülerinnen und Schülern, zur Erinnerung statt.

Im Stadtteil Hamburg-Schnelsen sind Straßen nach den ermordeten Kindern benannt worden, seit 2014 gibt es auch einen Günther-Schwarberg-Weg. Viele Bewohner, besonders aber auch die dortige Schule und Kirche engagieren sich aktiv gegen das Vergessen.

Wir haben immer wieder gegen das Verdrängen von Schuld und Verantwortung und gegen das Unrecht gekämpft. Ich habe als Rechtsanwältin die Angehörigen vertreten und für sie gefordert, dass Arnold Strippel sich vor Gericht wegen der Mordtaten am Bullenhuser Damm verantworten muss. Er wurde nach langen Jahren endlich von der Staatsanwaltschaft wegen Mordes angeklagt. Das Gericht gewährte ihm aber wegen seiner altersbedingten Erkrankungen Verhandlungsunfähigkeit, ein Prozess fand daher nicht statt. So war der Kampf um Gerechtigkeit für die Opfer verloren.

Durch unsere Arbeit gewannen wir auch Freundschaften mit den überlebenden Angehörigen. Viele sind inzwischen gestorben, jedoch sind neue Kontakte und Verbindungen zu den nachfolgenden Generationen entstanden. Günthers und meine Arbeit wird heute von jüngeren, engagierten Freundinnen und Freunden weitergeführt.

Barbara Hüsing, Hamburg, im Januar 2016

In seinem Nachwort zu diesem Buch schrieb Günther Schwarberg: »Noch weiß ich nichts über die Familien von Roman Zeller, Lelka Birnbaum, H. Wassermann aus Polen und W. Junglieb aus der Slowakei. Noch werden auch die Angehörigen dieser Kinder nichts vom Bullenhuser Damm wissen«.

Siebzig Jahre lang lebte auch die 85-jährige Grete Hamburg in dem Glauben, dass ihr Bruder Walter als Kind bei einem Todesmarsch von Auschwitz umgekommen sei. Sie überlebte als Jugendliche die Shoa und lebt heute nahe Tel Aviv. Keine einhundert Kilometer entfernt wohnt Bella Reichenbaum in Haifa, die mit ihrem Mann Jitzhak seit Jahren zur Gedenkfeier am 20. April nach Hamburg reist. Jitzchak Reichenbaum, der Bruder des ermordeten zehnjährigen Eduard Reichenbaum, hat selbst als Kind den Holocaust überlebt. 1984 erfuhr er durch einen Artikel in der israelischen Zeitung »Maariv« vom Schicksal seines Bruders.

Im April 2015 kehrte Bella Reichenbaum nach der Gedenkfeier nach Israel zurück und machte sich auf die Suche nach dem bisher unbekannten Jungen »W. Junglieb«. Auf der Liste eines Häftlingstransportes von Auschwitz nach Lippstadt fand sie, neben den Namen eigener Angehöriger, auch zwei Frauen mit dem Nachnamen Jungleib und konnte über die Webseite der Gedenkstätte Yad Vashem Kontakt zu Familie Jungleib herstellen. Sie erfuhr, dass Walter Jungleib (so die richtige Schreibweise) aus Hlohovec in der Slowakei nach Auschwitz deportiert worden war.

Grete Hamburg schrieb im Juli 2015: »Ich war und bin so erschüttert und fassungslos, kann gar nicht meine Gefühle beschreiben. […] Mein Vater, meine Mutter, Walter und ich wurden im Oktober 1944 nach Auschwitz deportiert. Die Männer und Kinder wurden von uns getrennt. Walter hat seine Kappe vergessen und ist zurück gekommen um sie zu holen, danach war er der letzte in der Reihe, hat sich umgedreht, gewinkt und gelächelt und das war das letzte Mal, dass meine Mutter und ich Walter gesehen haben.«

Wir sind sehr dankbar, dass auch das Schicksal dieses Kindes aufgeklärt werden konnte.

2015 organisierte die *Vereinigung Kinder vom Bullenhuser Damm* und die KZ-Gedenkstätte Neuengamme ein Jugendbegegnungsprojekt, zu dem sich Schülerinnen und Schüler aus Frankreich, Italien, Polen, den Niederlanden und Deutschland in Hamburg trafen. Sie beschäftigten sich drei Tage lang gemeinsam mit der Frage: »Was hat die Geschichte der Kinder mit mir heute zu tun?«. Die Antworten in Text und einem Film wurden auf der Gedenkfeier am 20. April von ihnen vorgestellt.

Außerdem hat die Vereinigung eine deutsch- und englischsprachige Wanderausstellung konzipiert, die ab 2016 in europäischen Schulen und Kultureinrichtungen gezeigt werden soll und über die Website angefordert werden kann.

Wir werden die Kinder niemals vergessen.

Nicole Mattern, Hamburg, im Januar 2016
Vereinigung Kinder vom Bullenhuser Damm
www.kinder-vom-bullenhuser-damm.de

ANMERKUNGEN

1 Nürnberger Ärzteprozeß 1947, Protokoll S. 4045.

2 Lit. Mitscherlich/Mielke: »Medizin ohne Menschlichkeit«, Frankfurt 1978, S. 69/70.

3 Dr. Josef Mengele aus Günzburg konnte sich nach dem Krieg zunächst unbehelligt in Westdeutschland bewegen. 1949 tauchte er in Argentinien unter und heiratete 1958 die Witwe seines Bruders, Mitbesitzer der väterlichen Landmaschinenfabrik Mengele in Günzburg mit 1600 Mitarbeitern. Bei verschiedenen südamerikanischen Diktatoren fand Mengele Hilfe und Sympathie. Westliche Geheimdienste, vor allem der amerikanische CIC, halfen ihm mit Papieren. Mengele konnte in der Schweiz Urlaub machen und seinen Geldtransfer regeln. 1959 reiste er zur Beerdigung seines Vaters nach Günzburg, ohne daß ihm Schwierigkeiten gemacht wurden. Angeblich lebte er dann in São Paulo in Brasilien. Am 7. Februar 1979 soll der Millionenerbe und Massenmörder aus Günzburg im Meer ertrunken sein.

4 Robert Neumann: »Hitler; Aufstieg und Untergang des III. Reiches«, München 1961, S. 178/179.

5 Ebbo Demant: »Auschwitz – direkt von der Rampe weg«, Reinbek 1979, S. 57.

6 »Przeglad Lekarski«, Krakow, Nr. 1/1967, S. 3/4. Frau Piekut-Warszawska beschreibt in diesem Bericht, der auch in der Anthologie »Auschwitz«, Band II, Teil 3, S. 1–11 (Hrsg.: Internationales Auschwitz Komitee, Warszawa 1970) abgedruckt ist, ausführlich die Experimente Mengeles an den jüdischen Zwillingskindern.

7 »Przeglad Lekarski«, a.a.O.

8 »Przeglad Lekarski«, Krakow, Nr. 1/1965, Anthologie »Auschwitz«, Band II, Teil 3, S. 18/19.

9 Rudolf Höss: »Kommandant in Auschwitz«, dtv-dokumente 2908, S. 109. SS-Obersturmbannführer Rudolf Höss war vom 4. Mai 1940 bis zum 10.November 1943 Kommandant des Konzentrationslagers Auschwitz und errichtete in dieser Zeit die größte Menschenvernichtungsanlage der Geschichte. Am 11. März 1946 wurde er von der britischen Militärpolizei in der Nähe von Flensburg verhaftet und am 25. Mai 1946 nach Polen ausgeliefert. In seiner Haft im Krakauer Gefängnis schrieb er einen umfassenden Bericht über sein Leben als Henker. Am 2. April 1947 verurteilte ihn das Oberste Volksgericht in Warschau zum Tode. Höss wurde am 16. April 1947 am Galgen des Konzentrationslagers Auschwitz gehenkt.

10 Der Bericht von Hanna Hofmann-Fischel liegt im israelischen Dokumentationszentrum Yad Vashem in Jerusalem. Auszugsweise abgedruckt bei Inge Deutschkron: »... denn ihrer war die Hölle. Kinder in Ghettos und Lagern«, Verlag Wissenschaft und Politik, Köln 1965, S. 54.

11 Deutschkron, a.a.O., S. 63–65. Jehuda Bacon, der Birkenau überlebte, machte diese Aussage am 30.10.1964 im Frankfurter Auschwitz-Prozeß. Seine Schilderung der Gaskammer und der Technik des Vergasungsprozesses deckt sich im wesentlichen mit derjenigen, die Lagerkommandant Höss (a.a.O., S. 126–132) von seiner Vernichtungsmaschine gibt, die er als »Entdeckung« bezeichnet: »Nun hatten wir das Gas und auch den Vorgang entdeckt. – Mir graute immer vor den Erschießungen, wenn ich an die

Massen, an die Frauen und Kinder dachte. Ich hatte schon genug von den Geiselexekutionen, von den Gruppen-Erschießungen, die vom RFSS oder RSHA (Reichssicherheitshauptamt) befohlen wurden. Nun war ich doch beruhigt, daß uns allen diese Blutbäder erspart bleiben sollten, daß auch die Opfer bis zum letzten Moment geschont werden konnten.«
Bei den von ihm geleiteten Vergasungsaktionen sei ihm oft selbst weinerlich geworden, erzählt Höss: »Einmal waren zwei kleine Kinder so in ihr Spiel vertieft, daß sie sich absolut nicht von ihrer Mutter davon wegreißen lassen wollten. Selbst die Juden des Sonderkommandos wollten die Kinder nicht aufnehmen. Den um Erbarmen flehenden Blick der Mutter, die bestimmt wußte, was geschieht, werde ich nie vergessen. Die in der Kammer wurden schon unruhig – ich mußte handeln. Alles sah auf mich – ich gab dem diensthabenden Unterführer einen Wink, und er nahm die sich heftig sträubenden Kinder auf die Arme und brachte sie mit der herzzerbrechend weinenden Mutter in die Kammer. Ich wäre am liebsten vor Mitleid von der Bildfläche verschwunden – aber ich durfte nicht die geringste Rührung zeigen.« (a.a.O., S. 132)

12 Die Firma J. A. Topf und Söhne, nach dem Kriege von Erfurt nach Wiesbaden verlagert, ließ sich am 13. November 1952 die in Birkenau erprobte Krematoriumsanlage II vom Bundespatentamt schützen, Patent-Nummer 851731, für »ein Verfahren zur Verbrennung von Leichen, Kadavern und Teilen davon durch rekuperativ erhitzte Verbrennungsluft«.

13 Im Januar 1945 wurde Auschwitz schubweise geräumt. Dabei kamen viele tausend Häftlinge ums Leben, durch Hunger und Durst, Erschießungen und durch Erfrieren in offenen Güterwagen. Am 27. Januar befreiten die ersten Patrouillen der Roten Armee das Lager.

14 Vernehmung Heißmeyer vom 10.3.1964. Blatt 197–199 der Gerichtsakten, Magdeburg.

15 Otto Prokop und Ehrenfried Stelzer: »Die Menschenexperimente des Dr. med. Heißmeyer«, Zeitschrift Kriminalistik und forensische Wissenschaften, Berlin (DDR), 3/1970, S. 92

16 Vernehmung Heißmeyers vom 8.9.1964. Blatt 227/228 der Gerichtsakten.

17 Vernehmung Heißmeyers vom 8.9.1964, Blatt 7/228 der Gerichtsakten.

18 Vernehmung Heißmeyers vom 11.3.1964, Blatt 108 der Gerichtsakten.

19 Protokoll 01/166–117/37 in der Gedenkstätte Yad Vashem.

20 Jan Everaert. Lebte nach dem Krieg als Exportkaufmann in Gent.

21 Aus »Prozeß Neuengamme«. Herausgeber: »Freundeskreis« e.V. Hamburg, 1969, Band I, S. 188.

22 Prokop/Stelzer: »Menschenexperimente«, a.a.O., S. 103.

23 Der Typograph Dirk Deutekom, geboren am 1.12.1895, wurde im Juli 1941 mit einer Gruppe holländischer Widerstandskämpfer in Amsterdam verhaftet, die sich bewaffnet hatte und Judendeportationen verhindern wollte. Im KZ-Lager Buchenwald wurde er zum Krankenpfleger ausgebildet. Am 6.6.1944 wurde er nach Neuengamme transportiert und arbeitete dort im Krankenrevier. Der Fahrer Anton Hölzel, geboren am 7.5.1909, war Mitglied einer kommunistischen Gruppe im Untergrund und aktiv im antifaschistischen Kampf. Als Kellner in einem Kaffeehaus in Den Haag konnte er Nachrichten sammeln und weitergeben. Am 11.9.1941 wurde auch er verhaftet und zuerst nach Buchenwald, dann nach Neuengamme transportiert. Mit Dirk Deutekom meldete er sich freiwillig zur Betreuung der Heißmeyer-Kinder.

24 Vernehmung Czekallá am 17.12.1945 durch Captain A. W. Freud. Im Besitz des Autors.

25 Hans Klein, nach dem Kriege als Professor der Gerichtsmedizin an der Universität Heidelberg tätig. Brieflich teilte er dem Verfasser mit: »Die 1945 überbrachten Lymphknoten wurden wie alle anderen einem histologischen Laboratorium zugesandten Organ- oder Gewebeteile untersucht. Aus der Beschriftung der einzelnen Lymphknoten, fortlaufende Ziffern, hätte der Schluß, es handle sich um einen Versuch, gezogen werden können. Der Versuch ist mir erst aus der Dokumentation des späteren Heißmeyer-Prozesses bekannt geworden.« Heißmeyer hatte über den im SS-Sanatorium Hohenlychen tätigen Pathologen bei einer Vernehmung am 30.3.1964 ausgesagt: »Bestimmte Präparate wurden nach Hohenlychen geschickt, wo sie ein dort tätiger Pathologe, der mit mir auch schon im Lager Neuengamme war, untersuchte.« (Blatt 252 der Gerichtsakten Heißmeyer, a. a. O.) Das bestreitet Professor Klein in seinem Brief vom 18.5.1979 an den Autor: »Ein Besuch mit Heißmeyer in Neuengamme und eine gemeinsame Versuchsplanung, dort oder in Hohenlychen, hat nicht stattgefunden. Mit Heißmeyer – der in Hohenlychen mich wegen meiner Tuberkulose behandelte – habe ich vielfach über den damaligen Stand der Tuberkuloseforschung gesprochen, soweit ich auf meinem Fachgebiet zuständig war. Wieweit die Experimente durch diese Gespräche beeinflußt wurden, dürfte kaum abgrenzbar sein.« Klein hat also die Tuberkuloseversuche zusammen mit Heißmeyer ausgearbeitet und dabei den Tod der Versuchspersonen billigend in Kauf genommen. Die Staatsanwaltschaft Hamburg, der dies bekannt war, hat trotzdem gegen ihn kein Ermittlungsverfahren wegen Mordes eingeleitet.

26 Prozeß Neuengamme«, Band III, S. 346.

27 Ebd.

28 H. R. Trevor-Roper: »The last days of Hitler«, Macmillan 1947, S. 116.

29 Bericht des Oberkommandos der Wehrmacht vom 21.4.1945.

30 Reitlinger: »Die SS-Tragödie einer deutschen Epoche«, Wien 1957, S. 427.

31 Felix Kersten: »Totenkopf und Treue«, Mölich Verlag, Hamburg 1952. Der Geleitbrief hatte folgenden Wortlaut: »Bescheinigung. Es wird gebeten, Herrn Medizinalrat Felix Kersten und den in seiner Begleitung reisenden Herrn ohne Vorzeigung der Ausweispapiere die Grenze passieren zu lassen. In Vertretung: Schellenberg, SS-Brigadeführer, Generalmajor der Waffen-SS und Polizei.«

32 Kersten: »Totenkopf«, a. a. O.

33 Aus »Rapport fra Neuengamme, Svensk Røde Kors' Hjaelpeaktion blandt Fanger fra Koncentrationslejre i Tyskland i tiden 7. marts – 5. Maj 1945 af Professor Gerhard Rundberg samt Rapport til Dansk Røde Kors fra Dr. Henry Meyer«, Martins Forlag, København 1945, S. 63–64.

34 Odd Nansen: »Fra dag til dag«, Oslo 1947, Band 3, S. 274–276.

35 Jørgen H. Barfod: »Helvede har mange Navne« (Die Hölle hat viele Namen), Forlaget Zac, København 1969, S. 336.

36 »Rapport fra Neuengamme«, a. a. O., S. 34–35.

37 Carl Krebs in der Zeitschrift »Pigtråd« (Stacheldraht), Kopenhagen, 17. Jahrgang, S. 45.

38 »Rapport fra Neuengamme«, a. a. O., S. 60–61.

39 Barfod: »Helvede har mange Navne«, a. a. O., S. 338.

40 Barfod: »Helvede har mange Navne«, a. a. O., S. 339.

41 Wilhelm Dreimann, SS-Unterscharführer, Rapportführer des KZ Neuengamme. Heinrich Wiehagen, Lehrer, SS-Unterscharführer, Arbeitseinsatzleiter in Neuengamme, Adolf Speck, Kommandoführer in Neuengamme.

42 Dieses und die folgenden Zitate von Trzebinski stammen aus der von ehemaligen Neuengamme-Häftlingen angefertigten Dokumentation »Prozeß Neuengamme«, Band III, S. 347–350.

43 Barfod: »Helvede har mange Navne«, a.a.O., S. 239–240.

44 Es war Professor Quenouille.

45 »Prozeß Neuengamme«, a.a.O., S. 247–252.

46 Lagergemeinschaft Neuengamme: »So ging es zu Ende«, Hamburg 1960.

47 Zitiert nach Rudi Goguel, »Cap Arcona«, Frankfurt 1972, S. 26.

48 Goguel, »Cap Arcona«, a.a.O., S. 27.

49 Zitiert nach Goguel, »Cap Arcona«, a.a.O., S. 57.

50 Zitiert nach Goguel, »Cap Arcona«, a.a.O., S. 60–61.

51 Heinrich Mehringer: »Cap Arcona« in »Neuengamme-Informationen«, Nr. 18, Hamburg 1962.

52 Goguel: »Cap Arcona«, a.a.O., S. 65–66.

53 Lagergemeinschaft Neuengamme: »So ging es zu Ende«, a.a.O., S. 66.

54 Brit. Protokoll JAG 145, Band 2, 18. Tag, S. 87.

55 Lagergemeinschaft Neuengamme: »So ging es zu Ende«, a.a.O., S. 68.

56 Vernehmungsprotokoll im Besitz des Autors.

57 Vernehmungsprotokoll im Besitz des Autors.

58 Vernehmungsprotokoll im Besitz des Autors.

59 Britisches Protokoll des Curiohaus-Prozesses JAG 145, Band 1, 1. Tag., S. 14. Im »Public Record Office«, London.

60 Fritz Bringmann hat 1978 eine Dokumentation »Der Kindermord vom Bullenhuser Damm« veröffentlicht, erschienen im Röderberg-Verlag, Frankfurt.

61 Adlershorst bei Danzig, wo Pauly Kommandant des Konzentrationslagers Stutthof war.

62 Originalbrief Pauly, im Besitz des Autors.

63 Originalaufzeichnung Trzebinski, im Besitz des Autors.

64 Originalbrief vom 1.5.1946, im Besitz des Autors.

65 SS-Obergruppenführer Oswald Pohl war Chef des Wirtschaftsverwaltungs-Hauptamtes der SS (WVHA). Ihm unterstanden alle Konzentrationslager. Pohl wurde in einem der Nürnberger Prozesse im November 1947 zum Tode verurteilt und im Juni 1951 in Landsberg hingerichtet. Zuvor war er wieder in die katholische Kirche eingetreten und erhielt vom Papst telegrafisch den apostolischen Segen. Über Heißmeyers Versuche hat Pohl in einer verharmlosenden Erklärung Folgendes ausgesagt: »Heißmeyer, Oberarzt bei den Krankenanstalten in Hohenlychen, erhielt von Himmler die Erlaubnis, Tuberkuloseversuche durchzuführen. Ich habe ihn zu Gluecks geschickt, der ihm die erforderlichen Versuchspersonen zur Verfügung gestellt hat. Es handelte sich um etwa zehn elternlose Kinder, die wahrscheinlich aus Auschwitz stammten. Die Versuche fanden in Neuengamme statt. Ich habe später eine Ausarbeitung dieser Versuche für

Himmler gesehen. Sie war aber so wissenschaftlich, daß ich nichts davon verstanden habe.« (Dokument NO-065 Pohl-Prozeß, Institut für Zeitgeschichte, München.) Pohls Vorgänger im Amt war der SS-Obergruppenführer August Heißmeyer, der Onkel des SS-Arztes Dr. Kurt Heißmeyer aus Hohenlychen.

66 Brit. Protokoll JAG 145, Band II, 14. Tag, S. 43.

67 Brit. Protokoll JAG 145, Band II, 15. Tag, S. 4 und 5.

68 Brit. Protokoll JAG 145, Band II, 15. Tag, S. 29f.

69 Plädoyer von Dr. Curt Wessig am 17. April 1946 im Curiohaus-Prozeß Hamburg, S. 17.

70 Plädoyer Wessig, a.a.O., S. 21.

71 Brit. Protokoll JAG 145, Band 5, 37. Tag, S. 23f.

72 Brit. Protokoll JAG 145, Band 5, 38. Tag, S. 51f.

73 Im Besitz des Autors.

74 Gnadengesuch von Frau Lisbeth Dreimann »An das Oberste Militärgericht in Hamburg« vom 8.5.1946, Kopie im Besitz des Autors.

75 Abschiedsbrief Trzebinskis, im Besitz des Autors.

76 Zitate nach den Gerichtsakten beim Generalstaatsanwalt der DDR.

77 Im »Ärzteprozeß« des Amerikanischen Militärgerichtshofes in Nürnberg am 20. August 1947 zum Tode verurteilt und hingerichtet.

78 Originalbrief A. Kutschera-Aichbergen vom 27.7.1964, im Besitz des Autors.

79 Lord Russell of Liverpool: »Geißel der Menschheit«, Berlin 1956. Zitat: »Als sich im April die Alliierten im raschem Tempo Neuengamme näherten, gab SS-General Pohl auf Ersuchen Dr. Heißmeyers den Befehl, die Kinder ins Nebenlager Bullenhuser Damm zu bringen und dort hinzurichten, um alle Beweise für die Experimente zu beseitigen.« (S. 197f.)

80 Prokop und Stelzer: »Die Menschenexperimente des Dr. med. Heißmeyer«, in »Kriminalistik und forensische Wissenschaft«, Heft 3, Berlin (DDR) 1970.

81 Brief von Otto Prokop an den Autor vom 22.11.1978.

82 Der KZ-Gefangene Herbert Kirst erkankte nach der Befreiung an Tbc, mußte operiert werden und litt bis zum Lebensende an den Folgen dieser Ansteckung.

83 Prokop: »Menschenexperimente...«, a.a.O., S. 75, 76, 91, 92, 94, 102f.

84 Strippel war nicht SS-Hauptsturmführer, sondern SS-Obersturmführer. Das entsprach dem Rang eines Wehrmacht-Oberleutnants.

85 Was für eine Farce die sogenannte »Entnazifizierung« war, berichtete der ehemalige Nazi-Bürgermeister von Hamburg, Carl Vincent Krogmann, in seinem Buch »Es ging um Deutschlands Zukunft«, das – angefüllt mit nationalsozialistischer Propaganda – 1976 unbeanstandet im Druffel-Verlag in Leoni am Starnberger See erscheinen konnte. Krogmann war mitverantwortlich für das KZ Neuengamme. Er hatte das Lager oft besucht. Auf Seite 12 schilderte er die Spruchkammerverhandlung gegen sich, die am 14. August 1948 in Bielefeld stattfand: »Kurz vor Beginn jener Verhandlung kam der Staatsanwalt in großer Aufregung zu meinem Anwalt und sagte ihm, er habe von Hamburg die Anweisung erhalten, gegen mich Gefängnis zu beantragen. Er könne es nicht mit seinem Gewissen vereinbaren, dieser Anweisung zu folgen. Mein Anwalt beruhigte ihn, er solle sich keine Unannehmlichkeiten zuziehen, er habe mit dem

Vorsitzenden gesprochen; Gefängnis käme nicht in Frage. Der Staatsanwalt hat dann trotz der Anweisung eine Verteidigungsrede gehalten, wie ich sie mir nicht besser gewünscht haben konnte. Im Urteil wurde mir bescheinigt, daß ich ein anständiger Kerl gewesen sei.«

86 So der Abgeordnete Dr. Menzel 1960.

87 A. Baring: »Außenpolitik in Adenauers Kanzlerdemokratie«, München 1971, Band I, S. 152.

88 Charles W. Thayer: »Die unruhigen Deutschen«, S. 252.

89 Falko Kruse: »NS-Prozesse und Restauration«, Kritische Justiz, Heft 2/1978.

90 Reinhard-M. Strecker: »Dr. Hans Globke«, Hamburg 1961.

91 A. Baring: »Außenpolitik in Adenauers Kanzlerdemokratie«, Band I, S. 92. Insgesamt soll die Zeitung 265 000 DM erhalten haben.

92 Spiegel, 45/1968, S. 42.

93 Ministerialblatt des Bundesministers für Verteidigung, Bonn, 1.9.1956, Nr. 1.

94 Personalakte Arnold Strippel, Document Center Berlin.

95 Urteil des Landgerichts Frankfurt vom 1. Juni 1949.

96 Urteil LG Frankfurt von 1949, S. 11–14.

97 Untersturmführer entspricht laut »Allgemeiner Ausnahmegenehmigung« des Bundesverteidigungsministers vom 1.9.1956 dem Rang eines Leutnants in der Bundeswehr.

98 Brit. Protokoll JAG 145, Band III, 21. Tag, S. 76.

99 Urteil LG Frankfurt vom 1.6.1949, S. 6

100 Walter Poller: »Arztschreiber in Buchenwald«, Hamburg 1947, S.136.

101 Dieses und die folgenden Zitate sind dem »Vermerk 147 Js 45/67« des Oberstaatsanwalts Münzberg vom 30.6.1967 entnommen.

102 Erklärung von Oberrichter Stirling vor der Urteilsberatung. Brit. Protokoll JAG 145, Band 5, 38. Tag, S. 51.

103 Siehe Urteil im Frankfurter Auschwitz-Prozeß, Seiten 44–46: »IV. Unterstellungsverhältnisse, Befehlsweg.« Siehe ebenfalls Erklärung von SS-Standartenführer Gerhard Maurer, Amtschef D II im Wirtschaftsverwaltungs-Hauptamt der SS (WVHA) vom 11.7.47 im Pohl-Prozeß in Nürnberg, Dokument ZS 567–P2, Institut für Zeitgeschichte München.

104 Kursive Hervorhebungen durch den Autor. In einem Gespräch mit dem Autor am 23. Februar 1979 hat Oberstaatsanwalt Dr. Helmut Münzberg bedauert, diesen Satz formuliert zu haben. Die Formulierung lasse sich nur aus der eingeengten Betrachtungsweise des Juristen, der ein Tatbestandsmerkmal exakt herausarbeiten wolle, verstehen. Er werde sicher in seinem ganzen Leben niemals wieder einen derartigen Satz schreiben.

105 Karl Peters: »Fehlerquellen im Strafprozeß«, Band 2, Karlsruhe 1972, S. 337.

106 Urteil des LG Frankfurt, Aktenzeichen 19/8 Ks 6/49, S. 53/54.

107 Zitiert nach »Die Glocke vom Ettersberg«, Nr. 51, Frankfurt 1973.

108 Brief des hessischen Ministers der Justiz an die Lagergemeinschaft Buchenwald vom 29.12.1972. Im Besitz des Autors.

109 BEG = Bundesentschädigungsgesetz.

110 Brief BMF Aktenzeichen VI A 6 – o 1478 – St 5/73, im Besitz des Autors.

111 Sitzungsprotokoll des Deutschen Bundestages, 7. Wahlperiode, 9.5.1973, Blatt 1424.

112 Der Ortsteil Bullenhusen ist eine Insel mitten in Hamburg zwischen Bille und Billekanal. Durch die Zerstörung der Brücken im Krieg trat damals der Inselcharakter besonders hervor.

113 Protokolle der Lehrerversammlungen 1948. Im Archiv der Vereinigung »Kinder vom Bullenhuser Damm e.V.«

114 Willi Bredel: »Unter Türmen und Masten«, Aufbau-Verlag, Berlin (DDR) 1968, S. 422–440.

115 Verfügung 147 Js 15/70 der Staatsanwaltschaft Hamburg, im Besitz des Autors.

116 So zum Beispiel Fritz Bringmann in einem Brief vom 17.9.1959 an den Hamburger Schulsenator Heinrich Landahl: »Ich bitte Sie, die Räume in der Volksschule Bullenhuser Damm, in denen die unglücklichen Kinder mit ihrer Begleitung Opfer der entmenschten SS wurden, würdig herrichten, eine Ehrentafel anbringen und an Gedenktagen schmücken zu lassen.« Antwort von Heinrich Landahl am 19.9.1959: »Ich habe bereits Anfang dieses Jahres Auftrag gegeben, Vorbereitungen für eine Gedenktafel an der Schule zu treffen. Mir liegen inzwischen einige Textentwürfe vor, mit denen ich aber noch nicht zufrieden bin.«

117 Die Stadt Hamburg lud zu der offiziellen Gedenkfeier in der Schule Bullenhuser Damm den französischen, den israelischen und den holländischen Konsul ein. Der sowjetische Konsul in Hamburg wurde nicht eingeladen.

118 Rundberg: »Rapport fra Neuengamme«, a.a.O., S. 108.

119 Serge Klarsfeld: »Le Mémorial de la déportation des juifs de France«, Edition Beate et Serge Klarsfeld, Paris 1978.

120 Œuvre de secours aux enfants; ein jüdisches Kinderhilfswerk. In engem Kontakt mit der Résistance versuchten die Mitglieder des Hilfswerks, Kinder verhafteter und deportierter Juden unter falschem Namen bei christlichen Familien unterzubringen.

121 »Stern« 11/79 bis 16/79, Hamburg 1979.

122 Urteil des LG Frankfurt vom 5.4.1979, Az. 2/30111/79.

123 Insgesamt sollen in Majdanek von den Deutschen 1 500 000 Menschen ermordet worden sein, hat das Internationale Militärtribunal in Nürnberg festgestellt.

124 Anklageschrift gegen Hermann Hackmann u.a., Az. 8 Ks 1/75, S. 115

125 Anklageschrift gegen Hackmann, a.a.O., S. 114.

126 Dies und die folgenden Zitate sind der »Einstellungsverfügung« der Staatsanwaltschaft Frankfurt vom Mai 1983, Aktenzeichen 50 Js 14 582/79 entnommen.

127 Brief Wilhelm Dreimann vom 31.5.1946 an seine Frau. Kopie im Besitz des Autors. Im selben Brief schreibt Dreimann allerdings auch, sie solle eimaligen Häftling B. aus Drieburg, der sie aufgesucht hatte, nicht glauben: »B. war nicht politisch, sondern als Berufsverbrecher in Neuengamme inhaftiert, und da läßt sich unter Umständen aus den Personalakten ersehen, ob ihm die Zähne nicht schon vor seiner Einlieferung in Neuengamme gefehlt haben.«

128 Gnadengesuch Dreimann vom 8.5.1946 an das britische Militärgericht.

129 Gnadengesuch Dreimann, a.a.O.

130 Gnadengesuch Dreimann, a.a.O.

131 Undatierter Brief Willy Dreimanns an seine Frau, im Besitz des Autors.

132 Aus der Personalakte Max Pauly, Prüfungsarbeit für das SS-Führungskorps vom 4.7.1939 in Dachau, Document Center Berlin.

133 Brief Max Pauly an seinen Sohn Hans-Werner Pauly vom 1.5.1946.

134 Brief Max Pauly in seine Schwägerin Leni Hilgenstock vom 14./15. April 1946.

135 Brief Max Pauly an Hilgenstock, a.a.O.

136 Alfred Trzebinski: »Ich«, unveröffentl. Manuskript, Hamburg 1946, im Besitz des Autors.

137 Trzebinski: »Ich«, a.a.O., S. 25–29.

138 Trzebinski: »Ich«, a.a.O., S. 17.

139 Trzebinski: »Ich«, a.a.O., S. 22f.

140 Trzebinski: »Ich«, a.a.O., S. 4.

141 Trzebinski: »Ich«, a.a.O., S. 65.

142 Trzebinski: »Ich«, a.a.O., S. 78.

143 Trzebinski: »Ich«, a.a.O., S. 79f.

144 Handschriftliche Aufzeichnungen Dr. Trzebinskis während des Curiohaus-Prozesses 1946, undatiert, im Besitz des Autors.

145 Hessens Innenminister Bielefeld lt. Spiegel 39/1972 vom 18.9.1972, S. 25.

146 laut Dokumentation, U.a. »Deutscher Richterbund« lt. Frankfurter Rundschau vom 7.2.1976.

147 »Kinder vom Bullenhuser Damm e.V.«, Bahrenfelder Kirchenweg 29, 22761 Hamburg. Spendenkonto: IBAN DE31 2005 0550 1005 2114 44, BIC HASPDEHHXXX. www.kinder-vom-bullenhuser-damm.de

148 Der Junge war bis 2015 unter W. Junglieb bekannt.

NAMENREGISTER

Alwin Meyer

VERGISS DEINEN NAMEN NICHT
DIE KINDER VON AUSCHWITZ

Zweite, durchgesehene Auflage, 760 Seiten, mit zahlreichen Abbildungen, Leineneinband mit Schutzumschlag

Kinder in Auschwitz: Das ist der dunkelste Fleck einer dunklen Geschichte. Sie wurden mit ihren Familien nach Auschwitz verschleppt oder kamen dort unter unvorstellbaren Bedingungen zur Welt. Nur wenige haben überlebt. Zeit ihres Lebens tragen sie die Spuren des Erlittenen auf dem Körper und in ihren Seelen. Am Unterarm oder Schenkel eintätowiert, wächst sie mit, die Häftlingsnummer. Auschwitz ist immer da: die Trennung von Eltern und Geschwistern, die sogenannten »Kinderblocks« im Lager, die an ihnen vollzogenen Experimente, der ständige Hunger, die Sehnsucht nach der Familie, einem warmen Federbett, nach Geborgenheit. Nach ihrer Befreiung kannten manche weder ihren Namen, ihr Alter noch ihre Herkunft. Fast alle waren Waisen. Sie trauten lange Zeit keinem Menschen, waren voller Angst. Wie leben nach Auschwitz?

»Man wird dieses Buch zu Ende lesen, denn das Leid der Kinder, dessen Ausmaß hier zum ersten Mal zusammenfassend in den Blick genommen wird, ergreift und bewegt auf nachhaltige Weise. Alwin Meyer ist es gelungen, das Vertrauen dieser Geretteten zu gewinnen und aus Bruchstücken ihrer Erinnerungen ein Werk zu schaffen, das zugleich Aufklärung, Vermächtnis und Denkmal für die ›Kinder von Auschwitz‹ ist. Dafür gebührt ihm Dank und Anerkennung.«

sehepunkte. Rezensionsjournal für Geschichtswissenschaften

Abbildungsnachweis:
Sammlung Günther Schwarberg / Archiv KZ-Gedenkstätte Neuengamme:
S. 70–72, 76–79, 135, 136, 139–141
Chris Niedenthal: S. 73
Fotobüro *t Sticht:* S. 75
Foto-Hubschmidt: S. 138
Nison Zylberberg: S. 143
Rüdiger R. Blüm: S. 137
Studio Schmidt-Luchs: S. 134
Werner Ebeler: S. 142

Der Steidl Verlag hat sich bemüht, alle Rechteinhaber der historischen Abbildungen zu ermitteln. Sollte dem Verlag gegenüber der Nachweis der Rechtsinhaberschaft geführt werden, wird dieser sich um nachträgliche Abdruckgenehmigung zu den branchenüblichen Konditionen (VG Bild-Kunst) bemühen.

Erste Auflage 2016

Buchgestaltung: Victor Balko, Steidl Design
Gesetzt aus der Caslon
Scans: Steidl's digital darkroom
Gesamtherstellung und Druck: Steidl, Göttingen

Steidl
Düstere Straße 4
37073 Göttingen
Tel. +49 551 49 60 60
Fax +49 551 49 60 649
mail@steidl.de
steidl.de

ISBN 978-3-86930-837-1
Printed in Germany by Steidl